前書き

２０１７年４月初め、私の主催する大和劔心會の初めての合宿を、私の居住する宮崎県日向市で行いました。毎月上京して合気道、剣術のセミナーを開いていますが、会員は皆さん忙しく、私の目論見と違って上達速度が今一つ遅いと感じていたのです。そこで集中的に動きを学んでもらって今後の修業を加速したいという思惑がありました。

その時、直心影流第十七代宗家、秋吉博光先生がわざわざ福岡飯塚から指導に来てくれていました。私が秋吉博光師のまさに瞠目の剣術を目にして既に25年以上経っています。その夏の日、用意した太竹を竹輪かなんぞのように造作もなくポンポンと切り刻む剣技には全く肝をつぶしました。竹刀に持ち替えても違和感ないほど小さな動きで凄まじい速力。これが本当の剣術だったのか！　修業してみたい！　心が大きくぐらついたのをよく覚えています。しかし私は既に平成元年、万生館合気道に入門し偉大なる師、砂泊諴秀と出会って作刀以外の情熱の全てを合気道習得に捧げている時だったので、結局正式な入門には至らず、通り一遍のことを習っただけでした。同時に、私の作刀の興味も完全に美術刀剣に向いていたので、「斬れる刀を打ちんさい」「刃物が斬れんでどぎゃんすっと」と嘲るごとく言い募る師を次第に煙たく思ってきていたのは偽らざるところです。筑豊には口の悪い人が多いので先生も大して悪気はなかったのでしょう。こいつはつまらん、役に立たんと思ったのか一年一度か二度唐突に訪ねられるだけになっていきました。

斬れ味の良い刀を求めて、方々の刀鍛冶の下を訪ねていらした当時の先生には、頑迷な若造に映っていたかもしれません。

しかし刀鍛冶と言っても、ベースが武道家の私は猛烈なインパクトを受けた師の技が忘れられる訳もなく、鍛冶仕事の合間に家の周囲に広がる竹林に踏み入っては毎日のように斬って斬って斬りまくる生活を何年も続けました。ほんの一言二言のヒントと見取った形だけが頼りの修業でした。

数年を経たころ、万生館合気道で教わっている体捌き、呼吸力の出し方によく似た感覚（腕力に頼らず＝脱力しつつ剣の動きに任せてゆく）が出るとよく斬れることが分かってきました。合気道と剣技が非常に近いものだと文字通り体感していったのです。

それから20数年、私の合気の進化とともに剣技も劇的進歩を遂げ、まあまあの剣士、斬り手として少しは知られるようになってきました。

それにつれて、「秋吉先生に習ったくせに、一人でうまくなったような顔している。」だとか、「右手で斬ってるからあれは違う」とか、いろいろな声が聞こえてきました。（ネット社会は噂話

の世界でもありますよね）

私としてはいつも、秋吉博光の剣技に触発されてこうなった旨はちゃんと書いたり、述べたりしていたのですが。ただ私も、秋吉先生の技とはなんか違うなーと思ってはいました。でもまー、結構斬れるからいっかーと…。

たまたま用事で飯塚のご自宅を訪ねた折、活動状況の話になって、「今度日向で合宿するんですよー、試し斬りもします。」「ではわしが行って教えてやろ」エエー？

私の会員たちが、普段私が言ってることと私が習ったと言ってる秋吉先生の直心影流がちょっと違うぞ、と混乱するだろうしやりにくくなるだろうから嫌だな、でもまさか断れないし、と困惑したのが正直なところです。

しかし日向に現れた秋吉先生、会員たちを前に開口一番「松葉君には教えとらんからな」で、みんなに左手はこうする、右手はこう、と微に入り細を穿ち教え始めたではありませんか！　長い付き合いの私ですが、初めて聞く精妙な技術に目を白黒…しかし結果私自身が最も裨益《ひえき》したようでした。自己流でもそこそこ斬れるようになるのに10年以上かかっていますから、初めからこれを教わっていれば！この10数年もったいなかった！俺の20年を返せ！とはもちろん冗談。そもそも私の試行錯誤の日々、豊富な試し斬りの経験があったから先生の技の肝が即座に理解できたのでしょう。

それから一年余、この稽古で学んだ技で斬りまくり、また合気道の稽古をしながら、私の剣も合気も大きく進化できたと思います。

このことがしかし、この本の完成を著しく遅らせる原因にもなってしまいました。私の説きたい剣技がルーツと言われる合気道と、日本刀そのものを用いた武術の本であるなら、直心影流剣術からヒントを得ておぼろに見えてきた陰陽転回から陰陽転換という新境地を書かないわけにはいかず、これをまああの形にするにはやはり時間が必要でした。

合気道を稽古するための居合形7本と剣術組太刀5本をとりあえず作り上げ、これによって外界との空間の気流、間を自得する稽古法を作り上げられた、と思います。これは直心影流ではありません。合気道のために作り上げた、直心合気剣です。

日本刀をよく知る刀鍛冶にして30年合気道と古流剣術（らしきもの）にのめり込んできた私が見出した日本刀の知られざるポテンシャル、それはあまりにも面白く、たぶん武道好きのみならず多くの人々の人生に寄与できるのではないか、と思っています。

ここから日本刀と、日本剣術、合気道のめくるめくような魅惑の世界をご紹介いたします。

2021年7月

松葉國正

目次

序章 ❖ 刀の理と合気

第1章 ❖ 気の通る身体を創る

第2章 〝陰陽自在〟から合気道技へ

第3章 私の武道遍歴 達人との出会い

序章

刀の理と合気

1 ❖ 〝一人稽古〟の大切さ

２０２０年、新型コロナウイルスのパンデミックによって世の中は一変しました。こんな大混乱の中でこそ、私の提唱する劔（刀）を使った一人稽古で合気道の技、気を練磨する方法がより必要になる、と改めてその真価に気付き、合気道で縁ある人々にもっときちんと伝えたいと思いました。

もとより完璧ではありません。しかし人と接触できない状況、つまり２０２０年、２０２１年のように、道場が閉鎖となり、対人稽古ができなくとも、一人稽古で合気道を上達に導く「劔心合気道」、これは未来の志ある人々のためにきっと役立つのではないかと思っています。

日本刀（木刀はＮＧ。可能な限り模擬刀ではなく真剣）を操作することで臍下丹田や、左右の体軸を自在に動かし、刀で四肢の動きを正しく導いて行くことが、刃筋を立てる（正しく刀を振れていることを検証する）ことで可能となり、結果、刀自体が正しい身体運用を教えてくれる。

「日本刀は間違った動きを許さない。」

劔心合気道の合言葉です。かくして対人の稽古とはまた違って、剣を使った一人稽古は、自身

の、心と体に直に向き合うことができます。技の進化を己自身で感じられるように、劔（刀）に集中して稽古してゆければ、大きな満足が得られるでしょう。

それに加え、私には真実の日本刀の知識（和鉄から作る日本刀とその鑑賞、歴史、試し斬り、居合形稽古、木刀組形稽古、竹刀稽古等、全てが含まれた）があり、劔心を求めるにはそれが必要だと信じていたのです。

腕力を過度に使うことなく、日本刀を操作する（技を使いこなす）ことで、特に若い世代には見せかけの筋肉ではない、柔軟な芯の強い身体を作る鍛錬にもなりますし、老境にさしかかった人々には、足腰や体軸から指先に至る全体の細かい筋骨の衰えを防ぎ、身体の気の流れを整え鍛えます。これは、ほぼ脳の働きですから、誰でも、今からでもイメージするだけでも可能であるため、無限の可能性を秘めており、おそらく死ぬまで稽古できるはずです。現に、竹刀で本当に打ち合う剣道であっても、血気盛んな青年剣士さえを寄せ付けない程、気力に満ちた高齢の師範も少なくはないのです。

2 ❖ “渾身”の振りができるか？

次ページから続く写真は「射薙《しゃなぎ》」という、当会で行っている独自の型（対人型）です。ここには剣術、合気道はもちろん、あらゆる武術に通ずる重要な身法を込めています。

それは「渾身の力を籠める」という事です。

こう言うと〝力んでもいいの？〟と疑問が湧く方も少なくないのではないかと思います。〝力み〟を悪とする価値観が浸透してきた昨今、とにかくとことん力を使わずに、踊るかのような軽やかな操法を理想に浮かべている方は多いかもしれません。ましてや〝触れれば斬れる〟刀ならなおさらの事。しかし、ここには大きな勘違いがあります。力を使わずに武技が成立する訳がないのです。取り除かなければならないのは「無駄な力み」であり、その上で有効な力を集中させることこそが、本当に必要な動きです。全身を有効に稼働させた、より大きな出力を集中させる事ができれば、より有効な技となります。しかしこれは簡単な事ではありません。

最高に大きな出力を生み出そうとすれば、多くの場合、無駄な力みが生じてしまいます。無駄な力みは有効な動きをロスさせ、力も小さくなれば動きも乱れます。そうなる事なく、最高に大きな力をロスなく、最高の合理をもって技と成せねばならないのです。

また、〝フルスイング〟をすれば、それを止めるためにまた大きな力を使おうとしてしまいます。もちろんこれは理想的な身体遣いではありません。振りを止めるのに大きなエネルギーを遣わさ

組太刀

射薙《しゃなぎ》（表）

打太刀（写真左）正眼、仕太刀（同右）納刀（写真1）。

打太刀上段に振りかぶろうとした瞬間に抜刀し、渾身の力を籠めて水平斬り（写真3～5）。そのまま回し上げ（写真6）、打太刀が斬り下ろす動きに合わせ、頭部へ斬り下ろす（写真7～8）。

（右ページ写真3～7の動きを別角度より）

組太刀

射薙《しゃなぎ》（裏）

打太刀（写真左）正眼、仕太刀（同右）正眼（写真1）。

打太刀上段に振りかぶり、斬り下ろそうとした瞬間に左足を左に踏み込みつつ渾身の力を籠めて水平斬り（写真2～4）。そのまま回し上げ（写真6）、相手の斬り下ろしに合わせて頭部に斬り下ろす（写真7～8）。

（右ページ写真3～7の動きを別角度より）

れてしまうようでは、すぐに次の動作に移れません。武術においてこれは命取りです。

よって、とにかく無駄な力みなく、最大の身体稼働から生起する力を集中的に作用させ、かつその動きを収束させるにも無駄な力を遣わされる事なく、流れるように次の動きを継いでいける、これがどんな武術においても理想であり、追究される体動です。


「渾身の力を籠めた振りをせよ」というのは、要するに身体の最大稼働を要求している訳です。おそらく多くの方は「渾身の力を籠めて振れ」と言われたら、無駄な力みを発生して結果としての力も小さくなり、ムラなく流れるように動きを継いでいく事もできないと思います。


刀の造形にも、きれいにムラのない、なめらかな連続性が不可欠ですが、これは定規の類や鋳型などを用いる事なく、人の手によって作りだします。そしてこのなめらかさは見た目の美しさのみならず、強度を実現するために絶対に必要な要素なのです。

不連続的に細くなっていたり太くなっていたり、ひっかかりが生じるような部分があったりしたら、そこが必ず脆いウィークポイントになります。

型においては〝渾身の振り〟から次の動作へ流れるように継いでいけるような構造になっています。ブツ切れの動作では、合気道においても技はかかりません。

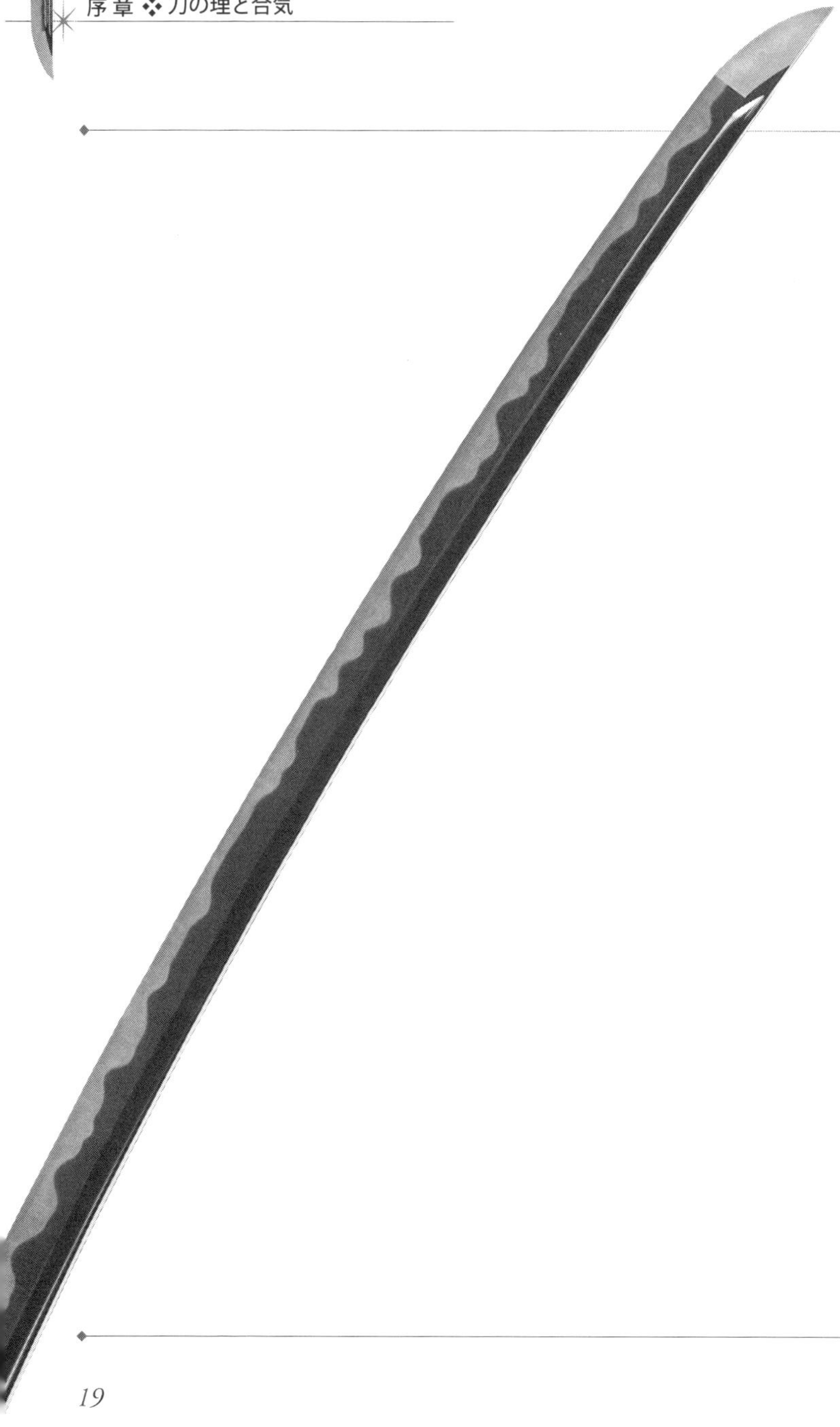

3 ❖ 陰あれば陽あり　陽あれば陰あり

刀を下ろしたら、次は上げる事になります。右へ振ったら、左へ返すことになります。腕を右へ捻ったら、左へ捻り返さねばなりません。一方向へやり続けることはできません。この対《つい》となっている動作を途切れなくスムースに流すことも、先にあげた〝連続性〟を実現するために重要なポイントになります。

この対位性はいわば〝陰〟と〝陽〟であり、相補うように成立しており、さまざまな形で存在しています。22ページ以降に上げた「瀧分《たきわけ》」「乗移《のりうつり》」「雷《いかづち》」という型においても、この〝陰陽〟がさまざまな形でみてとれる事と思います。

右手前の通常の構えであるなら、左手が「陽」すなわち推進力。右手は「陰」で完全な空《くう》で気の力を剣に伝えてゆきます。気の巨人であり医師としても活躍されている矢山利彦先生が左手の揚力を日の出に、右手を静かに添えている様子を月に例えて、「日月剣」と命名しました。これはまさに天啓といってよく、神が突然降臨したかに感じましたので、その意を加えて「神授日月剣」としたいと思います。剣心合気道の基礎稽古になるでしょう。

陰陽は様々に解釈されますが、私の認識では、光が当たる側を陽とすれば影は陰、外側を陽なら内側が陰。精神と肉体も大まかに陰と陽。

出る力を陽、吸収する力を陰。外回し外回転を陽、内回し内回転を陰というように考えています。陰の中にも陽を含み、陽の中にも陰を宿します。

気を身中に自然に流せる感覚を覚えますと、臍下丹田、中丹田、上丹田をはっきり意識できるようになりますが、それぞれに表裏、陰陽があるようです。そのあたりは私にはまだよくわかりませんが、今後修業が進むと何かしら気付けるのではないかと思います。

陰と陽はバランスが半々になることが望ましく、どちらかに偏ると、どんなに身体、精神に良いことでも病気、故障の原因になると思います。

組太刀

瀧分《たきわけ》（左）

打太刀（写真左）正眼、仕太刀（同右）正眼（写真1）。
打太刀が上段に振りかぶり、斬り下ろす動きに合わせて、仕太刀は左足から入身しながら切先を下げつつ回し上げるように擦り上げる（写真2〜6）。回し上げた太刀筋そのままに、頭部へ斬り下ろす（写真7〜8）。

（右ページ写真2～7の動きを別角度より）

瀧分《たきわけ》（右）

打太刀（写真左）正眼、仕太刀（同右）正眼（写真1）。
打太刀が上段に振りかぶり、斬り下ろす動きに合わせて、仕太刀は右足から入身しながら切先を下げつつ回し上げるように擦り上げる（写真2～6）。回し上げた太刀筋そのままに、頭部へ斬り下ろす（写真7～8）。

（右ページ写真1～8の動きを別角度より）

組太刀

乗移《のりうつり》（表）

打太刀（写真左）正眼、仕太刀（同右）正眼（写真1）。

打太刀が踏み込んで突いてきたところ、仕太刀は左足を引いて体を開きながら太刀先を上から押さえる（写真2）。打太刀がそれをはずして上段に振りかぶろうとする動きに合わせて右足から入身しつつ水平斬り（写真3〜4）。斬った太刀筋そのままに回し上げ、頭部へ斬り下ろす（写真5〜8）。

（右ページ写真2〜7の動きを別角度より）

組太刀

乗移《のりうつり》（裏）

打太刀（写真左）正眼、仕太刀（同右）正眼（写真1）。

打太刀が太刀を上げつつ前に踏み出ようとした瞬間をとらえ、仕太刀は左に踏みかわしつつ、上から太刀をおさえる（写真2〜4）。打太刀が切先をはずして、引きながら太刀を上げようとした瞬間をまたとらえ、切先で小手をおさえる（写真5〜6）。仕太刀、上段に構えた後、互いに正眼（写真7〜8）、

（右ページ写真2～6の動きを別角度より）

組太刀

雷《いかづち》

打太刀（写真左）正眼、仕太刀（同右）正眼（写真１）。

打太刀が太刀を上げつつ間合いを詰めてくる。仕太刀は下がって間合いを一定に保ち、打太刀が斬り下ろしてくるのを引きはずしつつ水平斬り（写真２～５）。打太刀が再び太刀を振り上げ、斬りかかってくるところを仕太刀は下から擦り上げて防ぎ、その動作のまま、すかさず頭部へ斬り下ろす（写真６～９）。互いに正眼（写真10）。

居合形

雷《いかづち》

各組太刀には、その動作を一人稽古できる「居合形」を対応させて設けている。左掲写真は前ページの組太刀「雷」における仕太刀の動作を一人で行なう「居合形」としたもの。斬り上げから斬り下ろし動作への移行のスムースさは、「居合形」においてより精密に自己観察することができる。

あらゆるスポーツ、武道に通じると思いますが、実は生きてゆく上のすべての事象で同様です。

① いかに動作中においてロスのない発力を行えるか。
② ムラなくスムースな〝連続性〟を実現できるか。
③ 陰陽の対位性を合理的に存在させ、移行させられるか。

ここまで述べてきたこれらの要項は、〝刀〟が見事に導き出してくれるものです。そしてそれはそのまま、合気道等、他の武術においても威力を発揮するものです。

以降にご紹介する実技においては、ぜひこの点に留意の上、読み進めていって下さい。

4 ❖ 〝刀〟とともに生きてきて

生まれながらにして世の中と気持ちよく折り合い、人生を淡々と生きている人たちを見ることは珍しくありません。学ぶ時期に学び、当たり前に就職して、穏やかな家庭を築いている人達、そのような方々こそ世の宝でこの豊かな日本を創り支えているのだと思います。

私は偶然知った刀鍛冶という仕事に魅了され、長きにわたって日本刀の製作に携わってきました。しかし、刀鍛冶は、社会的に完全に認知されているかどうか微妙な職業です。他の美術家や芸術家と同様、人が生きていくうえで必要なものではないだけに、我々が存在するにはあるていど余裕のある社会が絶対前提になります。しかも美術工芸品の範疇に入っているとはいえ日本刀は鋭い刃を持つ前近代的武器、21世紀の現代にそんなものを作っているおっさん達ですからうさん臭さもほぼマックスですよね。とはいえ我々も人間的社会生活をきちんと送っている、と胸を張りたいところですがそんな仲間は少ないようです。

想像に難くないでしょうが、刀鍛冶は貧乏と隣り合わせ、家業としての刀工を継いだ一部を除けば、独立開業に多くの借金を抱えてしまい、その返済のために就職してしまった、という話も時々聞きます。

現代社会に生きにくさを感じてか、やはり刀に魅了されてか、ある程度の年齢を重ねてから刀工を志す人も少なくありません。それぞれの人生ですから、それは結構なことなのですが、刀鍛冶は日本刀を、肉体を使って打ち出すものですから、ある程度強い腕力が必要で、壮年期、老年期になっての訓練はやはりなかなか困難です。女性もこの点が最大のネックでしょうね。

けっこうなひねくれ者だった私は、人生の初めのころにこの道に出会い幸運だったと思います。この現代に刀鍛冶として生きてゆくとは、極端に非日常の物作りになるということです。それはやはり多少世の中からはみ出たものが担うべき職業なのでしょう。

私にしてもその困難さは筆舌に尽くしがたいものでありましたが、若さと体力でまさにがむしゃらに乗り切ってきました。苦しかったけれどしかしこの日々は、何ものにも代えがたい幸福な日々であったと心底思います。

私が文字通り人生をかけて取り組んできたこの日本刀というものが、単に日本武士を象徴する武器というだけではなく、美術的にも社会的にも人類史上稀有なアイテムであることは、多くの方々が様々な角度から万言を尽くして説いています。特に美術の面では傾聴すべき多くの知識、解釈が綺羅星のごとく並び、愛刀家を美的幽玄の世界へといざなってやみません。

しかしながら私はなお、偉大な白皙の先達をもってしても、日本刀のポテンシャルを十分に伝えきってはいないと強く思っています。それは、日本刀剣美の創造に文字通り命がけで取り組みながら、生きるため生活を支えるために刀を打ち続けている刀鍛冶にして、武道、ことに合気道の真の探求者でもある私だからこそ見える日本刀の真価なのだろうな、と思っています。

それを一言であえていえば、美を競う武器である日本刀こそが日本武道の本来の在り方を具体的存在として、合気道の万有愛護を見事に現し、在鞘内得勝（ぬかずしてかつ）居合道の極意そのものを示し、人間として最高の人生を生きる、心身、そして霊的な支えとなれる武器だ、ということです。

これはいささか以上に誇大妄想的、日本刀への過剰な思い入れの産物なのでしょうか？　いいえ、そうではないのです。

日本刀を用いた剣の術理、武の器としての日本刀の用法を説くことで、合気道の心、気、技、体にどのようにシンクロしていくかが明らかになってゆくだろうと思います。また、刀身に宿る美しさが人間の美の感性を磨くこと、その感性こそが自他の強さの比較という修羅のしがらみから武人を解き放ち、悟りへといざなう原動力となり得ることもぜひ知っていただきたいのです。私が見出した、日本刀に内在する人類の霊的、肉体的進化に寄与する可能性の一つを読み取っていただけるでしょう。

5 ❖ 日本刀と合気道

合気道が剣の術理から成り立っている、とはよく言われていますが、そもそも剣の術理をきちんと分かっている合気道家は多くないように見受けます。実際そんなものは知らなくても合気道は問題なく出来るのです。

しかし源流を知ることでこそ技の本当の意味を理解できます。

剣の術理とはすなわち日本刀を武器として使用することが前提です。

鍛えられ、焼き入れによって命を吹き込まれた日本刀を研磨すると、それは美しく輝きます。（私は優れた匠によって打たれ、驚愕の技術によって研磨された日本刀は、人類が生み出した最高の美術品の一つだと確信しています。）

しかしひとたび刀を手にすれば、人の命を容易に断つ利器であることも即座に実感し、その恐ろしさから毛嫌いする人も見受けます。真剣を振るい先人の残した形をなぞる居合の稽古や、実際に竹や巻き藁を斬ることにやもすれば興じる私たちですが、本来その行為の対象は生身の人間であることをしっかり受けとめておかなくてはなりません。刀を振るった結果の、残虐で凄惨な有様を想像してみてください。その刃の向かう先が自分の肉体である場面も同時に思い至すべきでしょう。

生命あるがゆえに我々も存在するのですから、そのやり取りをシミュレーションしている武道には、修業するものに己の肉体とそれに宿る生命そのものを強く意識させる計り知れない力があります。武の懸命の修業から死を見つめ、ついには人の生きる道、悟りを得た武士達が少なからず存在したことは、よく知られたことでもあります。剣術が人間教育のツールとなりえたことも、大和魂を具現化した日本刀という特別な武器の力もあったと思います。

つまり真剣を使って稽古する武道は、「死」という何人も絶対に免れない、しかも極めて個人的な、私たちそれぞれにやがて訪れる本当に特別な時を強烈に意識させ、学ぶことのできるほとんど唯一の方法なのかも、と思っています。

もちろんそこには苛烈な必殺の剣技の習得が前提となります。身体的にハード、というわけではなくとも、具体的なイメージをもって死をかけた戦いを剣技の習得を通して思索することで、生き延びて、さらに己をしっかり保ってよりよく生きるための強力な支えにもなり得るのです。

合気道がその成立の母体となった剣技とは、木刀を使ったなれ合いの型稽古では説明できない奥深く精妙なところこそが合気道に通じるものだと私は確信しています。

思いがけない僥倖を得て、前著『日本刀が斬れる理由、美しい理由』にもこのことは少し述べさせていただきました。拙いなりに武道家刀匠松葉國正が確信的に思う、幸福な人生を生きる縁《よすが》としての日本刀と武道を書いたつもりです。

実を言えば前著は、合気道に剣や杖を使った気の稽古を取り入れることで、練気や呼吸力の養成に絶大な効果があることに気付いたので、そのことを書き残しておこうとこつこつ書き溜めた原稿があって、自費出版の準備をしていたところでBABジャパンの原田さんに出会い、ダメモトで出版を持ちかけたら、刀の本を書いてみないかと逆に提案されたのがそもそものきっかけでした。想定外のテーマでしたが、もとより武道家そして刀匠として何十年もの年月を懸命に生きてきたのは間違いないので引き受けはしましたが、書くことの大変さと面白さ、そして書くことによって自分自身の思考が深化してゆくことを感じつつ、何とか形になった本を手にしたのは一年以上もたってからです。

人心地ついてから、あらためて私の気付いた剣と合気の稽古法をまとめようと取り掛かったのですが、この間の3年余で技も考え方も一層深く、よりシンプルになったので全面的に書き直すことにいたしました。そしてまた壁にあたりました。

一番には自分の合気道にサッパリ自信が持てないことです。この程度の業で…と臆する気持ちが常にあります。

ただ、剣術が得意な人も剣道の強い人も、こと日本刀の観点からは私ほど深くは書けないのではないでしょうか。さらに剣の術理が母体になっていると言われている合気道なのに、その剣術理の理解が合気道界ではあまりに浅いような気がしてます。

そしてなにより剣術は一人稽古で相当のレベルまで行けますが、合気道でも深い剣の理合いに基いた一人稽古を積み重ねれば、練気もまた動きの一つ一つの解釈、技の深化も比較的容易にできるのです。そこは合気道より剣術が得意の私の出る幕に違いないと、自らを鼓舞しています。

日本刀に関心のある、合気道人のみならず広く武道家や生きることにきちんと向き合う全ての人に、少しだけかもしれないけれど役に立てるのではないかと、役に立ったらよいなと願っています。

なにやら言い訳がましい前置きが長くなるのも私の自信のなさの現われでしょう。ちょっと情けないですがもう少し続けさせてください。

私の道場の稽古は至って気楽なもので、他の厳しい武道を経験してきた方には全く物足りないものでしょう。師、砂泊諴秀や開祖などから見ると、稽古というよりお遊戯と笑われるかもしれません。しかしこれでも私は大真面目、死ぬまで進化する合気技の探求という側面では胸を張って誰にでも見ていただけるものだと自負しています。

道場組織のことにはあまり関心がなく、さらに生まれ持っての性格、粗野な育ちもあってか師弟関係の遠慮や、上下の隔たりも全くありません。いつも気働きのある会員の皆さんに助けられてなんとかやっています。

道場には序列もなく、和気あいあいと稽古できない人はおのずと来なくなって、気のいい方々に囲まれています。言ってみれば礼儀作法等のしつけを必要としない、ちゃんとした大人のための道場ですね。ほんの数人で稽古していることが多いので密度は極めて濃く、一人一人が私の生きている作品のようで、できるだけ大事に育てています。

そんな一見ゆるーい稽古の中で、道場会員の皆さんに伝えたいのは、全く思ってもみなかった自分に生まれ変わる秘法であり人生の新たな可能性を拓く体と気の運用です。それは全く具体的かつシンプルで、肉体的にはごくごく普通の人々が忙しい日常の合間に手軽にできるけれど、真面目に取り組めば確実に成果の出る画期的な稽古法だと自負してます。

武道的実力では全く平凡な私でありますが、10万本の青竹を試斬した剣術家にして知られた刀鍛冶であるというかなり稀有なキャリアを持ち、そこで矢山気功という優れた練気術に出会い、また砂泊誠秀という偉大な合気道家に師事できたことで、私の中で何か不思議な力、化学反応のようなものが働いて、シンプルで成果の出る稽古法創作に向かったのでしょう。この方法はいまだ完成はしておらず刻々と変化を続けていますが、本質は変わっていません。そのうち会員たちが、「先生、こうした方が良いんじゃない？」と提案してくる日を心待ちにしています。

私たちが消え去った後の方々の進歩、ひいては地上天国という開祖や砂泊誠秀の壮大で霊的な夢実現の一助になれば、とも願っています。

一見すると頑強そうな私ですが、ときには歩行が困難になるほどの足の痛みに悩まされてきました。長年痛風と思ってきたのですが、頻発、移動する関節痛は、どうやらもう少し深刻なようです。この病気が私の人生にいつも暗い影を落としてきました。しかしお陰で、ハンディキャップを持った方々でも、老年に達しつつある方でも、身体のどこか一部分が随意に動けば合気、練気による心身の革命、そして進化ができると確信をもって言えるのでそれもまた天の采配だったのかもしれません。

我が道場には79歳で入門し、80歳をはるかに超えた今も合気道の深（進）化を楽しんでいる会員もいます。60代なんてまだまだです。

私たちの周りには、常時、心打たれ涙を誘う美しく気高い出来事や物事から、あまりの不条理に言葉さえ失い正視できない現実まで、そのすべてを把握することはとうてい不可能な複雑極まりない時間と場面が生まれ、そして消えて行きます。

多くの人々は善良で懸命に生きています。しかしその周りは完全なものも確実なこともなく全てが移ろい、それどころか自分自身でさえ消え去ることが宿命であるのに、なにゆえに人は生まれ、生きてゆくのか。

その問いは、個々の人間、そして人類の永遠の課題かもしれません。

また絶望の淵に沈み、自ら無明の闇に消えゆく多くの人々を、我々は救うことができないでいます。理不尽極まりない暴力、犯罪、抗すべくもない大災害に巻き込まれた人々も数限りなく存在し、良心の痛みを抱えつつもそこに手を差し伸べることも簡単にはできないのが凡人、無力な私達大多数の人々ですね。そのことに心がとらわれると、私は、いいようのない悲しみに打ちひしがれることが時にあります。そしてその厄災はいつ我が身に降りかかってくるかもしれない、という漠然とした不安は、心ある人ならば濃淡あっても等しく感じていることでしょう。

知恵を獲得した人類で、この漠然とした不安、消滅への恐れから逃れられた人々こそ、真に幸福な人々だと言えるのではないでしょうか。

およそ人間の営みの全ては、自他にかかわらず人間の幸福に役立つものでないと、存在する意味はないと思います。にもかかわらず、私たちを取り巻く状況はあまりに苛酷で、幸福に生き生きと人生を謳歌している人を見かけることは、そう多くはありません。
そして、心も身体も考え方も十人十色ですから、一部の人間がそのいとなみの是非を決めてよいものではないですね。

私は、武道、なかんずく合気道に出会ったことによって、それまでとは全く違う、幸福な人生の扉が開かれました。刀工としての飛躍も、人としての成長も、合気道によってなされたと思います。その幸運に最大限の感謝をしていますし、縁のあった人たちには伝えて行きたいしその責務も感じています。

ただ、こうして文字に起こすとなると、そもそも私の感じている人間の幸福とは何なのか、皆が願う幸せとはどういうことなのかよくわかっていなくてはなりません。

お金があれば、もっと背が高ければ、美人にうまれていれば、なにか特別な才能があればとか、今ないものを満たす、手にしていないものを得ることが幸せだと、多くの人々が漠然と考えてきたように思います。例えば良い大学を出て良い職業を得る。それは大事なことかもしれませんが、真の幸福を得られる確実な人生ではないのは、日々の報道などをみれば明らかです。

愛する人を得て、一時無上の幸せに浸ったとしても、感情を持った人間が１００％自分の思いに応えてくれるはずはなく、母の愛に包まれた乳幼児期を除いては、いわゆる愛の力だけで幸福である、とはなかなか言えないでしょう。それに必ずやってくる別離を忘れるわけにはゆきません。

私などには縁がないのでよくは知りませんが、どうやら経済的に恵まれ容姿も非の打ちどころがなく、天才的な才能を持ったとしても、それが幸福にストレートに結びつくものではないのも真実なようです。

それでも人は表面上の豊かさ、便利さについ引き寄せられてしまう、それはそれで仕方のないことなのでしょう。かく云う私も日々の暮らしのために汲々としている凡人の一人ですからよくわかります。

しかしそんなものを一瞬で飲み込み破壊する厄災を、私たちは本当にたくさん目にしてきました。何より人はいずれ衰え、消え去るものですから、欲求を永遠に満たすことなどできようはずがないのです。

そしてなにより欲求を満たすことが幸福であるならば、人類すべての幸せは永遠に訪れないことになります。全て人の欲求が満たされることは、絶望的に不可能ですから。

武道、特に合気道の稽古を通じて、もたらされる幸福な人生、それはなによりまず、自分の命をそれまでとは違う視点から深く考えることから始めるとよいでしょう。といっても私自身は全く不信心者で、子供のころから死の恐怖に怯えつつも神仏にすがる気持ちは全く持ち合わせていませんでした。稽古の合間に宗教的（大本教）な話を好まれた砂泊誠秀先生や、霊界との交流を当たり前のように行っている野中日文先生のお話を契機に生命を主観的にとらえるようになったような気がします。

必ず人は死を迎える。このことを深く考え、実感した上で人間の幸福を考えてゆくと、いかなる富も名声も死という絶対の前には、全く色あせてしまう。では人間は生まれながらに不幸を背負っているのではないでしょうか。

確かに人間が、今見えている世界が全てで、死はすなわち消滅を意味するのであれば、どうあがいても人間が幸せな存在であるとは言えないのかな、と思えます。私はしかし、ようやくこの歳になって、どうやら人間はそんな存在ではない、霊魂は存在する、と感じ始めています。

人間の五感を超える何ものかの存在は、砂泊誠秀先生の信じがたい呼吸力で文字通り放り投げられることで、否応なく実感させられたものです。

さらに数限りなく試し斬り稽古を積み重ね、尋常ならざる剣を使えるようになった自覚を得たあたりで、砂泊先生が言われていた、肉体を離れた魂の武術（合気）の意味が少しわかったよう

に思いました。

すると、死への恐怖がゼロ、とは言いませんが本当に少なくなり、年老いて朽ちてゆくであろう自分を、その時が来たら冷静に受け入れられるだろうと今は考えています。

そうして気が付くとたまにですが、穏やかで、気高く自他への愛に満ち満ちた、幸福感に満ち満ちた自分が存在しているのを感じています。それは肉体が滅んだ後に残る何かを少し実感したからであるのは確かです。

武道というものは、戦い、それも命のやり取りをする訓練を己に課すという、人にとって究極の修業の場です。ルールに則ったスポーツの練習とは根本的に違い、それはこの上なく実効に即したリアル（効率よく相手を制する方法）そのものなのです。その、命のやり取りをありありと想像する訓練というものは当然脳にかなりのストレスとなり、かつての武道家に人好きのする好々爺など存在すべくもありませんでした。

合気道は、開祖植芝盛平翁が創始された人類史上他に類例をみない、文字通り画期的な武道です。戦いの道である武道と根本的に矛盾する「愛と平和」をその思想の根本にしていることにそれは端的にあらわされています。

ひとえに合気道技の修業はひたすらエゴを消し去り、人類に等しく備わる気の流れに身をゆだねる、個人の昇華無くして成立しないのです。

その精神性、もっと言うならばほとんど宗教と言ってよい霊的な側面を濃厚に受け継いだのがわが師砂泊諴秀でした。師の創始された万生館合気道は、ひたすらに愛と誠、人類の歩むべき愛真愛和を技そのものに求め、柔らかくしかし圧倒的な力で邪気を粉砕消滅させる奇跡的な武道です。

しかしながら私を含め師範の誰も自分の技を、これは砂泊諴秀の技だ！とは言えないでしょう。それほど隔絶していると思います。

私は、師の逝去後、かねて修業していた剣と気を視点として、砂泊諴秀師、植芝盛平翁の残された合気道に新たな光を当ててみたいと組織を離れ、独自に試行錯誤してきました。私の行動には毀誉あるでしょうが「技を壊し技を創成し生成発展してゆくのが武産合気《たけむす》である。」という開祖の言葉を好んで口にされていた砂泊師の、お心に適うものだと信じております。

私の刀鍛冶としての辛酸の日々と、日本刀の織り成す美と武の相克、葛藤の中から考えざるを得なかった自分自身、もっというなら人間存在の意味を考える契機でもありました。

そして多くの方々の助けと、日本刀の潜在力の探求など試行錯誤の末、皆様に見ていただける画期的な稽古法ができたのではないかと思います。

とは申しましてもまだまだ完成は遠く、道半ばもよいところでしょうが、生身の人間はいつ終了の時を迎えるかわかりませんのでここまでの成果をここに残せることは大変ありがたいことです。

❖第1章

気の通る身体を創る

1 ❖ 原点は万生館合気道

私は平成元年、万生館合気道の砂泊諴秀先生に入門して今日まで、どっぷり合気道漬けの日々を送っています。刀鍛冶としての独立を果たしたその年に、奇しくも合気道に巡り合ったのですが、こんな人生が待っているとは当時の私には知る由もありませんでした。

戦争の影が色濃く国中を覆っていた時代に、開祖の内弟子であった砂泊諴秀師の技と心は、ご著書、ＤＶＤなど多く残されていますので、合気道の神髄を体現された砂泊師の軌跡をたどることは容易です。

私は、万生館でも師範の末席ではありましたが別段特別な弟子だったわけでもありませんから、師の衣鉢を継ぐというような思い上がりは微塵もありません。

砂泊先生は晩年、「自分自身の合気道を作りなさい。」「あなた方がこれからの合気道を背負っていかなくてはなりません。」としばしばおっしゃられていました。万生館では毎月有段者研修会が熊本の本部道場で開催され、私も入門以来ほとんど休まず毎月参加していました。

そのため、伝聞などでなく、直接お言葉を聞くことができたことはこの上ない幸運でありまし

砂泊諴秀師

たし、そのお言葉から砂泊先生の未来を見通す深い洞察を感じることができると思います。

万生館での有段者研修会では「気」という言葉はほとんど使わず、呼吸力という、合気道に存在する不思議な力を養成する稽古に終始していました。砂泊諴秀師の指導の90％以上が呼吸力の稽古でした。これこそが合気道である、と師は確信していたようです。また、砂泊諴秀師の体捌きは、開祖直伝の大師範たちの中でも出色であったと思います。

しかし一部師範や会員の中には、一見生ぬるい呼吸力の稽古に飽き足らず、投げ技、取り技など一般的な合気道の稽古を取り入れている人も少なくなかったと思います。特に呼吸力がさほど強くなく、呼吸投げのできない人ほどその傾向が強かったようでした。

砂泊誠秀師がよく引用していた開祖の言葉に、「形を破り形を創造し生成発展してゆくのが武《たけ》産《むす》合気である。」「合気道には形はない。形だけを伝えるものは古武道である。」というのがあり、私たちの多くは形の習得には不熱心でした。

中には有段者研修会でも、80歳を超えた砂泊先生の技を力ずくで止めにかかるような古参の師範まで現れて、「合気とは愛なり。天地の心を以てわが心とし、万有愛護の大精神をもって自己の使命を完遂することこそ武の道であらねばならぬ。合気とは自己に打ち克ち敵をして戦う心なからしめる。否、敵そのものを無くする…」というつも稽古前に唱和している開祖のお言葉、「合気道の精神」に合致しているとはいいがたいカオスがあったと思います。

見苦しく心痛む風景でした。私も取った手力が強い方だったので、先輩師範に嫌味を言われ、げんなりしたこともありました。まだ初二段くらいの頃は、「君は力で合気道をするのか！」と面罵されたこともありました。私は内心、『単純に手を取ってるだけなのに、動かせないあんたが未熟なんだろうが？』と思っていました。しかしプライドだけは高そうな先輩にたてつくこともはばかられ、しかし手を緩めることはほとんどしない、かわいげのない態度でしたが、何年も稽古するうち面倒になって『効いてないな』と思いつつも動いてあげるようになっていました。

それは呼吸力稽古の、相手に十分に取らせ、結びをつくって動かす、という方法にそもそも矛盾があったのではないかと、現在の私は考えています。何しろ、呼吸力を出して両手や片手を取ってくる対手を、押しやり、引きよせ、崩してゆくのですが、何十年も熱心に稽古してきた高段者はこの稽古には習熟し尽くしており、上手に脱力して呼吸力を働かせて来ても、対手の力を止めるのは難しいことではないからです。（弱く握って結びを滑らすとか）

逆に呼吸力稽古で手を取ってきた相手を、長年培った体力技術で逃げを許さず無理やり押しやり得意然としている、古参師範もいました。（砂泊誠秀師の技を止めにかかっていた人とは違う人物）

このカオスは、ガラパゴス的進化といってよく、万生館呼吸力は進化の袋小路に迷い込みかけていると当時から感じ、有段者研修会では極力そんな先輩とは稽古しないように避けていました。

そんな風に止めにかかっても、止められるのは万生館の呼吸力稽古時の押し、引く力だけで、武道的、格闘的にはほとんど意味はない、と早くから気付いていました。多少他武道や少年時代の殴り合いをした経験から、ガラパゴス的進化（袋小路のなかの上達）には当初から懐疑的だったのです。

そんな中でも鹿児島の重富道場長だった故永井師範は、呼吸力を自分のものとした数少ない先輩でした。ずいぶん以前から、独自の考えに基いて、砂泊先生とは明らかに違う呼吸力を研究され、見事な技を使っていました。これからというときに逝去され、残念な思いがいたします。何よりも陽気で、一緒にいて楽しいという、合気道の精神を体現されている方でした。

万生館合気道の根本は脱力にあると、多くの会員は信じ、「力が抜けている」というのが技に対する最高の誉め言葉でした。私もまあまあ呼吸力は使える方だったと思います。

私はもちろん、この万生館の呼吸力、徹底的に脱力することで相手を無力化し操る技に夢中になっていました。しかし多少気を学んだ今は、この脱力して結ぶだけに特化すると、邪気が流入しやすく健康を損なう恐れがあるのではないか、と考えています。

もちろん20年以上、ひたすら脱力をして相手に任せる（手を取らせる、突かせる、打たせる）訓練を徹底して行ったことは今日、私の合気道のベースになっていることは確かです。

砂泊諴秀師が亡くなられてからややあって、そのことに触れた私のブログの書き込みを削除するようご遺族から要請があり、それには応じたのですが、これは言論（思惟、思想？）の統制ではないかと非常な違和感を覚えました。私は砂泊諴秀の弟子ですが、二十数年にわたって一心に学んできた師の教えは私が進んで学んだもので、誰のものでもない、私の心の中にある私のものであるからです。尊敬と哀惜を籠めた追悼文でしたので、自分のホームページに掲載しているこ

とをとがめられるとは思ってもみないことでした。師弟関係は主従関係とは違うのです。大勢の弟子たちはそれぞれに個性ある人間たちですから、ご遺族と言えど尊敬をもって接してゆくべきだとは、いらぬことですが。

これをきっかけに自分の剣を基調とする合気道を極めてみたいと奥様（実質的に万生館の代表だった故砂泊館長夫人に）にお願いし道場ごと組織を離れました。快諾していただいたと認識しております。現在組織がどうなっているのかよくはわかりませんが、道場としての離別は最も早かったかもしれません。翌年(平成23年)以前から親交のあった宮崎県支部の野中日文師範のお世話で合気会に道場生ごと引き取っていただいて今日に至ります。

砂泊先生へのご恩返しは、愛真愛和、地上天国を作る一助と私の考える合気道を懸命に作り上げることで果たして行きたいと念願しております。

「気の御業、たまの鎮めやみそぎ業、導き給え天地の神」

やはり合気道は気を練る道であるのが自然であろうかと思います。

2 ❖ 気を実感する

練気には気功、中国拳法など多くの人々が取り組んでいる修業法がありますが、なかでも合気道は人類が生み出した最も崇高で価値ある自己変革法です。

合気道について砂泊先生をはじめ優れた先達や、植芝本流の先生方が立派な本を数多出されている中で、私ごときが、と忸怩たる思いもありますが、「合気道一人稽古」による自己変革(self-education)という観点での具体的合気道稽古法は、たぶんどなたも書かれてはないと思います。

(某社からDVDも発売しました)

一人稽古で合気道的気の通る身体を作り上げることは、本当に効く合気技を作る第一歩であろうと思います。

もともと私は合気道の修業を通じて剣技が理解できるようになり、剣の一人稽古から合気道の技が見えてくるという体験を何年も重ねてきていました。自然に、合気道の稽古に踏み込んだ剣、杖などの稽古法があれば、合気道修業の助けになると何年も、自身の居合、剣術（主に試し斬り）稽古に工夫を続けてきました。なにしろ剣、杖の稽古は一人稽古が基本ですから、特に、道場になかなか来ることのできない忙しい方々には自宅で自分のペース、時間で取り組むことができるという大きなメリットがあります。私の実感として、社会の第一線で活躍している忙しい方ほど、合気道に向いているし、必要としている方が多いような気がしているので、少しの空き時間、ちょっとしたスペースでの簡単な、効果を上げる稽古法を作り上げることは剣と合気を並行して修業する私への必然の課題だと考えてきたのです。

つまるところこの本は、私自身が合気道の達人でその極意を語っているというわけではなく、この稽古法、「大周天合気杖術と直心合気剣」を紹介することが主たる目的で書いています。ごくごく普通の真面目に働く人々が、忙しい日常の合間にも志を持って地道に続けて行くことで合気道の摩訶不思議な霊肉一致の至上境に至ることができる道を開くことができたら、これは大きく言えば、人類社会に寄与する素晴らしいことだと言えるのではないか、とそのように考えたのです。

地上天国は個々人一人一人の変革によってのみ成されるもの、合気修技のより容易で実効性のある道を開くことこそ「万人の進むべき道」合気道の真の発展に寄与するものです。

社会の第一線で責任ある仕事をなされている方は時に、合気道的に気を練磨して行くことの実効性にすぐに気づくようです。熟慮の時、決断の時、頼りとなるのはおのれ自身しかありませんから。

私は自身の、剣、杖を使っての一人稽古を通じて、今の合気道の境地に達し得たと確信しています。そして合気道稽古での私自身の体験、長年の修業で得たものは、あまりにも大きく、人生を変えるほど素晴らしいもので、私の人生の幸福への扉を強く押し開けてくれました。

そしてまた、私程度のものが刀鍛冶でなかったら出会うはずもない、超人的武の達人に教えを受ける機会を何度も得ました。しかしそれだけではなく、日本刀そのものが武術のあり方へ導いてくれたように思います。

それは日本刀そのものも、通気、練気に極めて優れた霊器であり、その切っ先からゆらゆらと立ち上る気を矢山先生に見せられた時に初めて、私は気の存在を実感したのでした。

現代日本人にサムライの気概を蘇らせると熱く語る矢山先生が激しく日本刀にのめり込んだわけは、日本人には刀がある、という発見であったのです。

私はさらに、人類普遍の価値を日本刀の在り方に感じ、用と美と気を刀を通じて懸命に追究しているまさに真っ最中です。

3 ❖ 子供のころから運動音痴しかし武道好き

私は、少年時代から時代小説好きの武道好きでした。司馬遼太郎の一連の歴史小説や柴田錬三郎の眠狂四郎に熱狂していました。なにより、かよわい女子供や年寄りが無体な目にあわされそうになるといずこからともなく現れ、小柄な老人と侮る悪漢を瞬く間に懲らしめる秋山小兵衛こそ私の憧れです。秋山小兵衛とは言わずと知れた、池波正太郎の人気時代小説、「剣客商売」の主人公で、当時としては老人の60歳をいくつか過ぎた設定です。若いころから想像を絶する荒稽古、数え切れないほどの死闘からその境地に至ったとありますので（人生50年の時代に60歳を過ぎているといえば現代では70代後半から80代といったところでしょうか）、それなりのリアリティを感じる方も多いだろうと思います。

しかし武道のプロの端くれの私ですが、事に当たって冷静で的確な判断を下し迅速に行動、超人的な武技で難を逃れる…みたいにはとても出来そうにありません。私だって常に沈着冷静、そして強く勇気ある人間でありたいと願って修業してきたのです。自然災害やテロ、常軌を逸した人でなし達の犯罪などの報道を目にするたび、超人的な活躍をして多くの人を救う場面を夢想するのは私だけではないでしょう。しかし同時に自分自身を評価する冷静な目も養われてきています。武術は究極のリアリズムでもあります。

自分への評価こそ常に正しく行って、可、不可を見定めておかなくてはなりません。

虚構でいうなら藤沢周平の隠し剣シリーズに何度か描かれている、長いブランクの末、落ちぶれた剣客たちこそがより現実的なのでしょうか。

確かに、若いころスポーツや武道に打ち込んだ経験を持つ人でも、仕事や子育てに追われ運動から遠ざかるうちに筋肉は衰え関節は固まり、さらに年を取ればやがて弱者になるのは必然。とはいえ前述のごとく80歳を超えても信じがたい強さを保っている卓越した武道家に私は幾人か出会っています。むろん例外なく、若いころから現在まで60年70年という長い年月、間断なく修練を続けてきた方々です。その存在には憧憬を感じますが、人生の大半をかけて武道修業に専心できる方々はごくごく稀、特別中の特別です。肉体的にも社会的にも。

女性や子供、老人など弱者のみならず一般的には青壮年期の男性であっても、犯罪など災難から身を守るのは容易くありません。私も年齢的な衰えを感じるとともに持病もあり、膝、両足

首、腰に痛みを抱えて時に身動きすら不自由になります。数年前までは日々数キロのランニング、毎日8キロの素振り棒での鍛錬なども課していたのですが、今や身体はがたがた、情けないのですがいかんとも仕方がないのです。身の程も知らず達人の先達のような人並み外れた存在になることを夢見てしまった代償かもしれません。

しかし、故障があっても筋力が衰えても強さを保つ老人になりたいと思うのは私だけではないようで、50歳60歳どころか70代、80代の方も私の道場に入門してこられています。肉体のピークをとうに過ぎた人を合気道修行者として一人前に仕上げるというのは、これはもう大変な難題です。幸いにして私のベースは砂泊誠秀先生が創始された万生館合気道の、極力、力を使わない技ですから、いままでも稽古そのものは抵抗なく参加いただいていました。しかしなかなか上達を実感してはもらえません。

砂泊先生がしきりに引用されていた開祖のお言葉、「合気道とは万人が歩むべき道」であることは私も実感しています。いくつになっても始めた人が驚きの自分を作り上げることができる、それこそが私の目指す合気道で、きっとよりよい修業の方法があるはずだと。私の武道歴はこの創意工夫、研鑽に尽きるのかもしれません。超人的能力を身につけ、発揮できる日も来るかもしれませんが、多くの方々の本当の意味の自己変革法を作り上げる方がはるかに素晴らしい仕事だと確信しているのです。

そして気の通る身体造りのために編み出したのが、この大周天杖術です。

老人子供女性、社会的弱者の方々に技を教えると、青壮年男性より一層力みがあることには以前から気が付いていました。力みなく気の力を信じて行えば弱者も強者もあまり変わらずできる技も多いのですが、力のなさを補うために力んでしまうもののようです。そして、その克服は容易ではないことも経験で分かっています。

しかし気のレベルが高くなれば、老いてなお強しという境地を体現できることもまた、わかっています。気の流れを感じ、さらに強くする。それを学ぶ方法さえ見つかればいつから始めても、どんな人でも合気の達人への道が開けるはずです。

自分の気を成長させる日々は、不可思議な気の存在である人間への新しい認識をもたらし、この上ない自己肯定がおのずと可能になります。限りある生を生きる我々ですが、気や霊の未知なる世界は無限、仮に肉体の寿命が尽きかけていても稽古によって、進化した自分と愉快な未来を感じられ、最高に幸福な生を全うできる道であると確信しているのです。

皆様には、もう40だから、50だからと躊躇せず、合気道を始めてください。私の道場の最高齢は79歳で始め、現在85歳の医学博士N先生ですが、時折見せる気のひらめきは大変な鋭さを秘めています。

4 ❖ 日本刀の心

私の指導するグループは、大和劔心會という名称です。合気道が剣の理合いからできているとはよく言われることですが、肝心の剣の修練が少ない、もっと究めるべきではないか、というコンセプトなのです。前述のごとく、合気道の技を深めることも一人稽古で練気することも視野に入っています。（私が刀鍛冶であるから、ということもありますが。なお、合気会では野中日文

門下の谷神会松葉道場として登録されています）

一般の合気道においても稽古の方法として木剣はよく用いられているようです。しかしそれは私の知る限りでは、限定的、補助的なものに過ぎないようです。

日本古来の刀剣を用いた技法は非常に精妙で、そのまま気の鍛錬と言えるものが多く、合気道の技法の母体であるといわれている事はよく知られています。

また合気道はその性質上、対人稽古がほとんどですから、道場に行かないまでも誰か稽古相手が必要です。そうなると稽古に費やせる時間は当然限られてきます。

私の道場会員は人間性に優れ尊敬できる方ばかりですが、その分重要な仕事を担っている忙しい方が多く、その多くは月一度の稽古に参加するのがやっとです。普通に稽古していては上達は覚束ない。自宅の一人稽古で気を練り上達できる方法として得意な剣、杖を使う方法しか考えられなかったのです。

様々に工夫し、真剣を使った（多くは模擬刀です）合気居合も取り入れ、それなりに成果を上げてきたと思います。

それでもなお家庭の主婦や医師などには敷居が高かったのかな、と思います。

そんな折、ドイツの無外流剣術を教える道場で目にした短杖に天啓を得ました。彼らが練習していた技はこれといって特徴はなかったのですが、そのサイズ、90センチほどの短い杖に目を見張りました。これなら携帯も楽だし、日本の狭い家屋での稽古にも適している！

私は毎日、短杖を使って様々な形で振り込んで、ついに矢山式気功法の大周天に行き着き、その驚異的練気の効果に確信を持ったのでした。これで年齢も体格もこえた、新しい自己創造の道、武産合気に私なりの道を開いた！と。

この稽古法は、気の働き、力について教導いただいた矢山利彦先生の気功に触発され、また私が長年取り組んできた剣術から得たものですから純粋な合気道とは言えないのかもしれませんが、効果は絶大だと思います。

あらゆる年代の、体格体力、性差を超え合気の達人に至る道が開けた!?とはちょっと誇大な表現かもしれませんが。

5 ❖ 刀鍛冶武道家として

私は、昭和57年から足掛け7年の修業の後、平成元年11月に独立開業した刀鍛冶です。武道歴はそれより長く、小学生で手ほどきを受けた剣道を皮切りに居合、合気道などで、人生の大半は武道と日本刀にどっぷり浸かって生きてきました。今は新作名刀展無鑑査となって世間に認められる刀鍛冶に化けていますが、当初は箸にも棒にも掛からぬ凡百の現代刀工の一人にすぎなかったし、武道も下手の横好き程度で偉大な先輩をまぶしく見上げるその他大勢の一人でした。

そもそも刀鍛冶、などという人間が現代日本に存在することすら知らない方も多いかと思います。需要と供給という常識をもって考えれば、刀鍛冶なんか侍がいなくなると同時に消え去るべきもので、この21世紀に入った平成の御代も終わろうかという現代になお、昔ながらに扱いにくい和鋼《わこう》を高度な技を駆使して鍛え、何の役にも立たぬ刀を製作している我々は、ちょっとおかしな人々だと思われるのは無理からぬことかもしれませんし、武道にしたところで現代の恐るべき武器、兵器の前にいかに鋭いとはいえ刀を振り回す術など、カマキリの前脚と大差ないでしょう。

しかし明治の近代化の時代に武術は武道となり、心身鍛錬、人間形成つまり教育の一手段として生き延びました。

日本刀鍛冶はというと、それよりはるかに困難な状況でありましたがなんとか生きながらえ、昭和に入っての軍拡の流れで一気に光が当たり名だたる刀匠も生まれていました。

しかしご承知のごとく敗戦で日本の武士文化遺産はほぼ壊滅。先輩たちの尋常ならざる努力によって、武道は格技スポーツに、そして日本刀は美術工芸品の一つとして命脈を保ったのです。

いまでは日本武道は何事もなかったかのごとく世界中に普及し、世界規模での競技会が開かれていますし、日本刀も出来栄えを競う新作刀の展覧会が3つあります。伝統的美術工芸品として、一応の市民権を得ていると言えるでしょう。私も駆け出しのころから、もっとも伝統のある公益財団法人日本美術刀剣保存協会主催の新作名刀展に出品し続け、腕を磨いてきました。（初出品は入選45位。当時は150点あまりの出品数がありました。全体では120位前後でしょうか。絶望的な船出といってよいと思います。）

人生に〝もし〟はないと言いますが、合気道の師、砂泊誠秀先生に出会っていなかったとしたら、私の刀鍛冶としての人生も武道家としても全く平凡な、田舎の変わり者で終わっていたことでしょう。

砂泊誠秀先生は合気道開祖植芝盛平を文字通り神と崇め、その残された技、言葉をこの上ない真摯さで全肯定し生涯をかけて道を究めていました。結果、一般の合気道とは大きく異なった姿を見せていました。

その神技に直接触れる僥倖に心躍らせ、私にも眠っていた霊眼が開いたと信じています。

先に述べた通り、晩年にしきりに「あなた方自身の合気道を創りなさい」と口にされていました。偉大な師の遺志をつないで行きたいと願っています。それには師の目指したところを目指すことが何より大事です。植芝盛平翁の心を求めた砂泊師の心を求めてゆかなくてはなりません。

私ごときの未熟な技で、会派を率いるなどおこがましいにもほどがある、のは重々承知していますが、万人が進むべき幸福感を実感できる合気道にする、という明確な目標と日本刀がつなぐ霊、気をどうしても探求したくて会員の皆様を巻き込んで日々邁進しています。

6 ❖ まずは陰陽転回で練気する

私が短杖で大周天を振り込みながら、自分の気、体の変化を感じてこれはいける、と猛烈な勘（？）が働いたのは、真剣による試し斬り稽古をしていたからでもあります。刀は間違った動きを受け付けない、非常にシビアな利器ですから、逆に筋肉の状態、体軸などにあらわれた効果を実感できたのです。

この稽古は、合気道の技の上達に大きく寄与する、基礎的な気のトレーニングとなりますが、なにより皆様の人生がより良きものになる手助けになると信じております。

身体のピークをはるかに過ぎた、経験のないオジさんオバさんが今から始めて、一般的稽古で合気、剣術の真の妙味を実感するのは至難、というのが偽らざるところです。(小学生なら10分もあれば回れるようになる後ろ回転受け身を取るのに、1年以上を費やす方も珍しくはありません。)

かくいう私も持病もあり、様々な故障を抱え、若いころの激しい稽古、華麗な?受け身が全く夢のようです。そのため私の指導する合気道は、いまではすっかりぬるいものになってしまいました。

しかし、激しく辛い稽古を課さず達人へ至る稽古法もきっとあるはずだと模索して行きついたのがこの大周天気功杖術です。(そのいきさつは後述) これを続けますと、

①　軸を正しく認識する
②　腰肩を柔軟にする
③　体捌きの要諦を知る、ことができます。

これにより気の流れが滞らない身体造りができます。動きはラジオ体操より楽ですが、効果は絶大です。ベースが気功の動きですから、普通の武術の鍛錬とはかなり違います。

「杖で大周天、楽しく幸せな身体を作り上げる」

日々これを繰り返していますす天地自然と通じる自分を感じられ、力みが消えることでエゴを消し得も言われぬ心地よさに包まれ、幸福感があふれてくるでしょう。（この心地よい心身の状態を、脳内ホルモンにちなんでオキストシンモードと呼んでいます。矢山先生は空海の研究者でもあるため、ことに言葉の感性が鋭く、会で使っている技の名称の多くも矢山先生の命名によるものです。）

この動きとそれに続く幸福感を自らの脳に焼き付けてゆきます。すなわち、自分が杖を回している、と想像するだけで軸がぴんと立ち、力みが全く消えて、幸福感に浸ることができるまで脳を訓練するのです。

私は、合気道の極意「敵をして戦う心無からしむ」（万生館で稽古前に唱和していた開祖のお言葉、合気道の精神の一節）とは自分の脳中にオキストシンを分泌し幸福感でおのれを満たし、さらに敵の脳にそれを感応させることで、戦意を喪失させることだと理解しています。

普段の稽古の回数は数回から数百回まで、故障が起きない程度に、でも時間の許す限り取り組んでみてください。体中に穏やかで心地よい気流が起こったならば終了の時です。だんだん回数少なく出来るはずです。

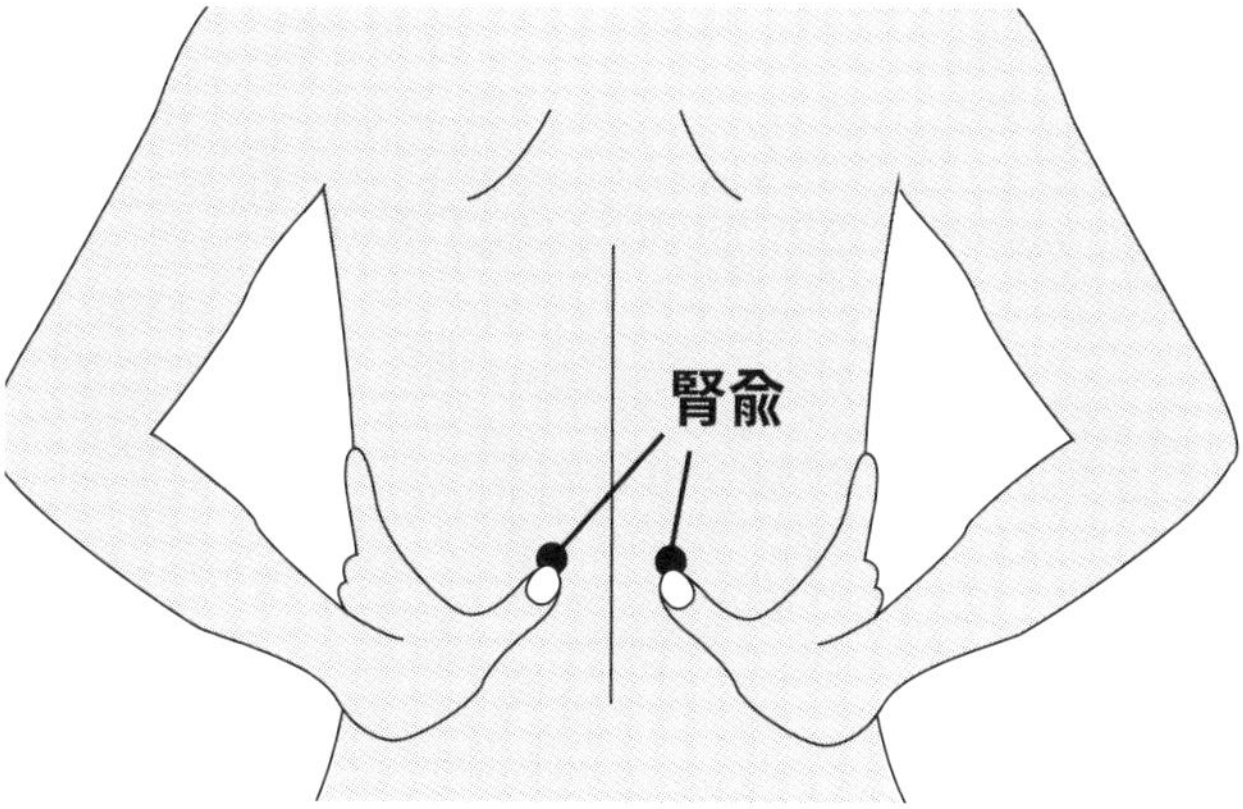

① 陰転

右足前左足は少し引く軽い半身で、杖は右手でだらりと持ちます。右足は腰のラインに対し直角に。内回しに右ひじを上げ手のひらが前方をみるように人差し指側を手前に回します。

このとき左手親指で左脊柱起立筋上にある腎兪《じんゆ》のツボ付近を押し、右軸を中心に回転させます。右肩を上げることなく回転によって杖をくぐり、左下にゆっくり落下させます。

手は八の字を描きます。上から見ると腕は左右それぞれの軸を中心に左回転に弧を描きます。右足親指でしっかり踏ん張りできるだけ太ももの外側の筋肉は使わず内側の筋肉で支えます。

下肢の軸は脛から下が脊柱起立筋と垂直になるよう膝

陰転

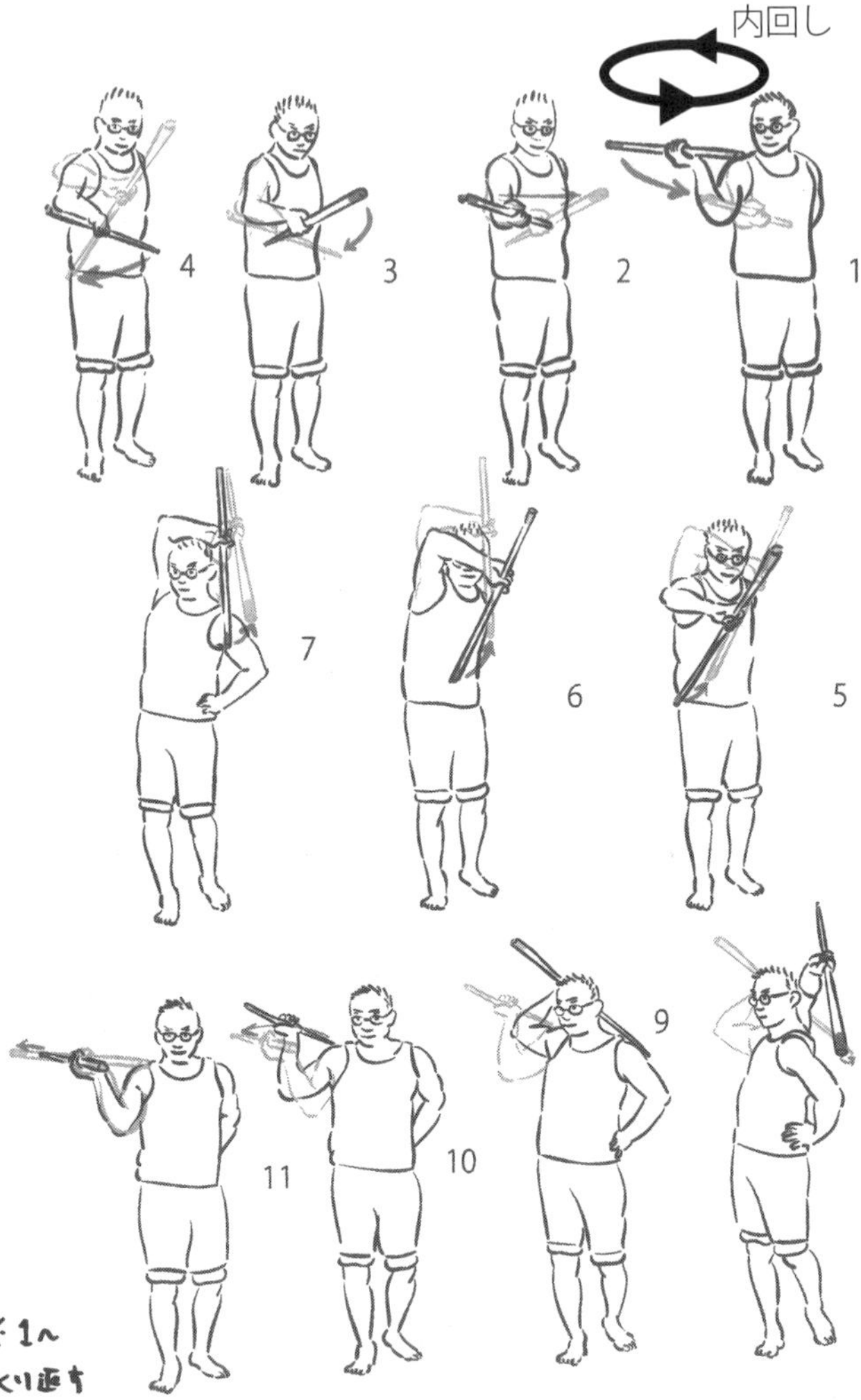

陰転とは外から内へ向かう回転（右手で行う場合、上から見て反時計回り）。左足を少し引いた軽い半身姿勢で、右手で手のひらが上を向くように軽く杖を持ち、肩くらいの高さに水平にする。肘関節と手首関節を使って内回しさせ、関節が回りきったら、そのまま右肩を上げずに肘を上げくぐる。肘を左下に下ろしながら手のひらを上に向くように返しつつさらに杖を内回しし、最初の状態に戻る。

陽転

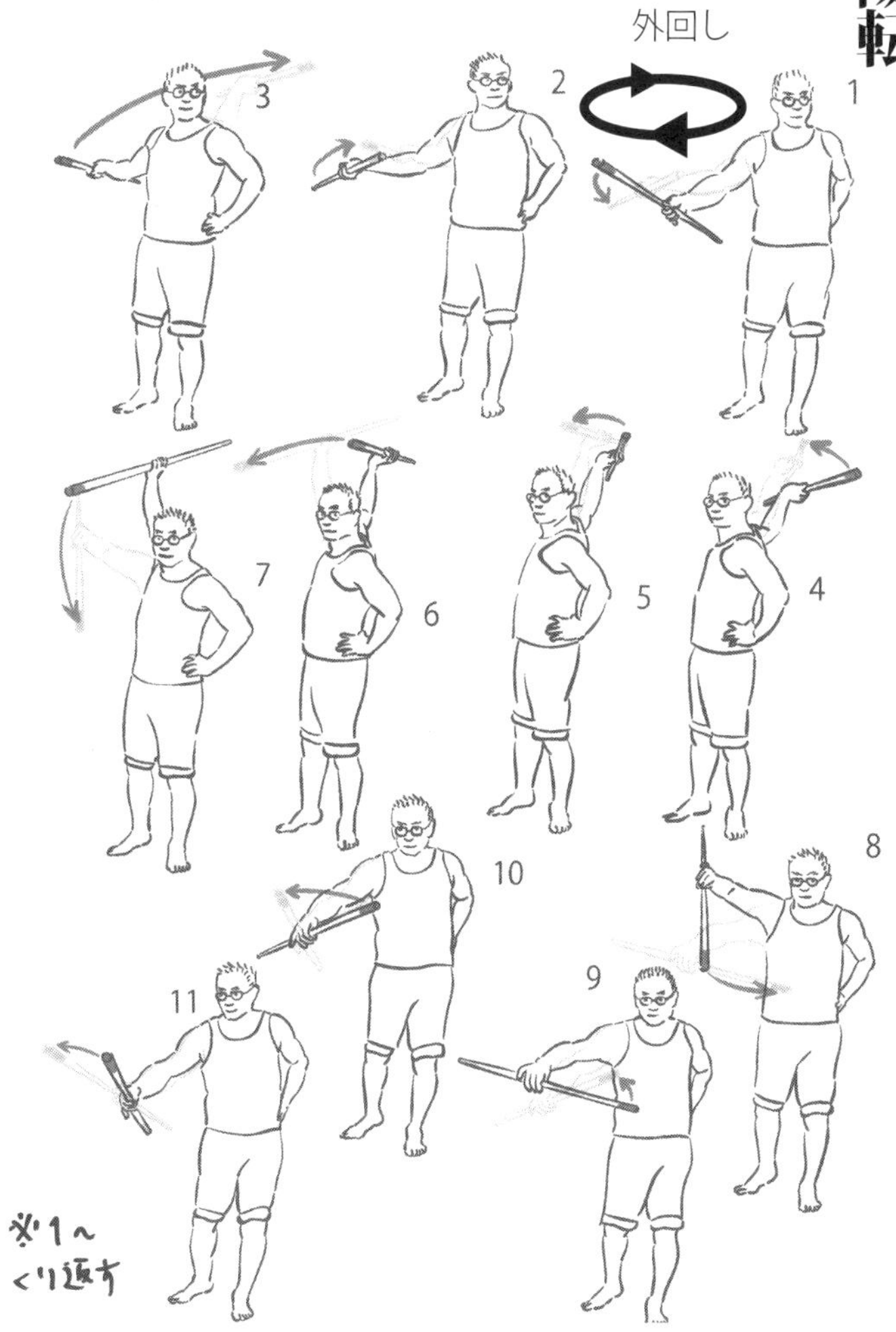

陽転とは内から外へ向かう回転(右手で行う場合、上から見て時計回り)。左足を少し引いた軽い半身姿勢で、右手でだらりと持った杖の親指側を手のひらが上を向くように返しながら、体の後方へ送るように大きく外回しさせる。後方へ行ききったら、さらに外回しさせながら頭上を通して前方へ戻す。手首関節と肘関節が回りきるところで手のひらが下に向くように手首を返しつつ、体の前を外回しさせて、最初の状態に戻る。

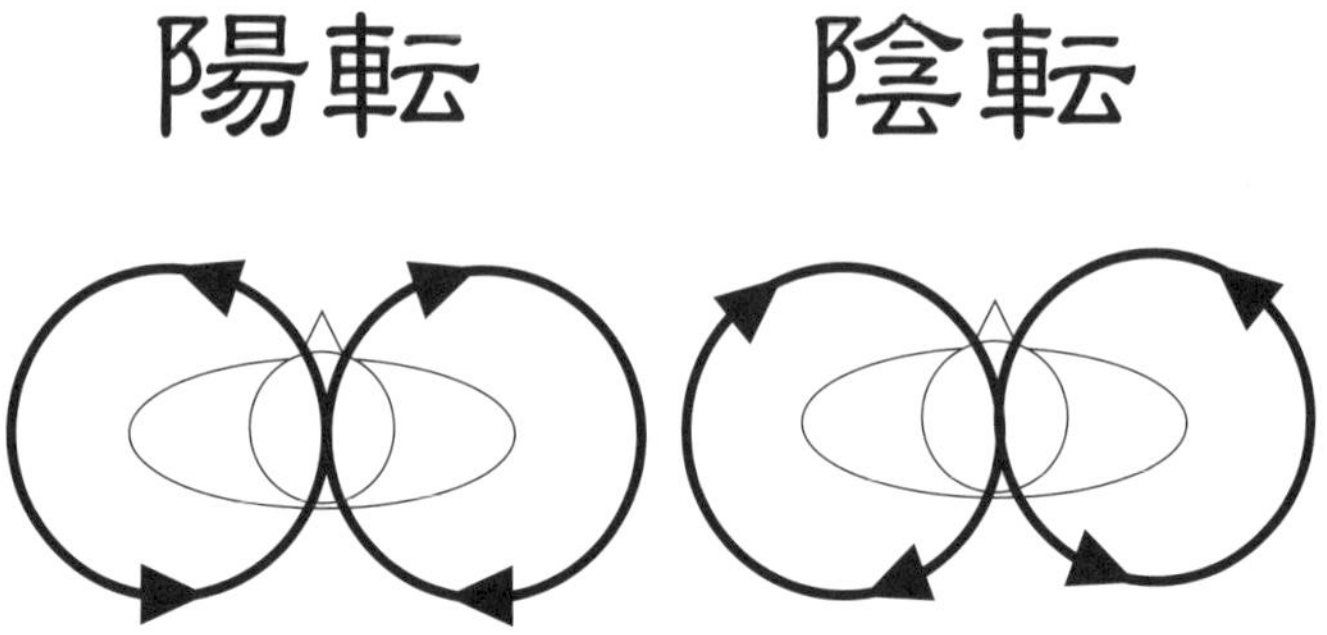

を少し曲げて調整します。

② **陽転**

陽転とは内から外へ向かう回転（右手で行う場合、上から見て時計回り）。

左足を少し引いた軽い半身姿勢で、右手でだらりと持った杖の親指側を手のひらが上を向くように返しながら、体の後方へ送るように大きく外回しさせます。後方へ行ききったら、さらに外回しさせながら頭上を通して前方へ戻します。手首関節と肘関節が回りきるところで手のひらが下に向くように手首を返しつつ、体の前を外回しさせて、最初の状態に戻ります。

万生館で呼吸力を養成してゆく方法には大変なメリットがありました。動きではなく感覚的な稽古が大半ですから体力に関係なく、老若男女誰でも稽古が可能です。砂泊先生という絶対のお手本がありましたからなおのことです。

砂泊先生はしばしば「道場なんていらないんですよ。誰かに手を取ってもらえれば合気道の稽古はどこでもいつでもできるんです。」とおっしゃっていました。手首をもたせ、手を預け「結び」を作ることが、呼吸力の第一歩であり同時に完成した姿であるという固い信念をお持ちでした。ただ、私の経験では、砂泊師のお言葉に「もともとの人間性の良い方に手を取ってもらえれば」という枕をつけないといけないのかな、と思います。他との争いから逃れられぬ、修羅に終始する人間と手を取り合って稽古していても、砂泊呼吸力の習得は不可能でしょう。

繰り返しになりますが、2014年のある日ドイツケルンで無外流居合などを教えるルチアノの道場でつらつら稽古を眺めていますと、やおら短い杖、ステッキを使って稽古を始めました。お、この長さはよいのではないか！とピンときた私。

早速帰国して短杖を使った稽古を取り入れました。

体捌きや素振りなかなか使い勝手が良い。自習独習に使えるようにいろいろな動きを試しているうち、ふと矢山式気功の大周天をしてみたのです。しばらく回すとえも言われぬ心地よさ…これは使える！そう思った私は来る日も来る日も仕事の合間に何百と振り込んで動きを工夫しました。

すると思いがけない効果が…。

①　脳が速やかにオキストシンモードになる。（オキシトシンモードとは脳内ホルモンの一種オキシトシンが分泌され、幸福感に満たされた状態のことです。）

②　肩の柔軟性が増して痛みが緩和

③　腰のストレッチ

④　2つの上半の体軸が下半の軸とつながる

⑤　体捌きの身体の動きがわかる

砂泊先生はあまり言われなかったと記憶していますが、万生館では脱力によって結びを作ろうという方向にありました。しかし力を抜いても抜いても呼吸力とはなかなか結び付きません。先輩からは力の抜き方が足りない、と指摘されることもありましたが、その先輩の技に納得させられることは極めて少なかったのです。私にしてもなんか違うなーと思いながら力を抜きなさい、と指導していました。

呼吸力は腕力に頼らないのが第一なので脱力は当然のことなのです。しかし、経験がある人も多いでしょうけれど「肩の力を抜け」とか言われて力みがなくなる人はまずありませんよね。脱力しきった状態で技をなすことも不可能です。

そもそも合気道の技において重要な「結び」は、「気」の働きで、ただ身体を緩めても自動的にできるものではないと思います。力んだ体と心ではほぼ不可能なのも確かです。だからこそ、気とその流れを理解して、そもそも力みが起きない仕組みを整えることが圧倒的に近道なのです。

第2章

〝陰陽自在〟から合気道技へ

ここでは連続写真を使って理解を助け、さらに直心影剣術のエッセンスから陰陽を左右上下に転換する稽古法を紹介いたします。これは現代人のための合気道に不可欠だと私が考えるシンプルでわかりやすく、誰でもが可能な練気法だと自負しております。

その練気法、陰陽転回を大周天合気杖術で、陰陽転換を直心合気剣で行います。そして陰陽転回、陰陽転換の視点で合気道の技を分解、解析した上で、技を構成する要素を見極め、その基本動作を身につけることで、合気道の修業の大きな助けとなると確信しています。

一人で道具を使うこの稽古は、比較的狭いスペース、自分の空いた時間を有効に使って自分自身の気の力を飛躍的に高めることができます。

自己の能力、そして脳力を開発する合気道でアンチエイジングならびに護身術習得、五体を使った練気瞑想で心身共に年齢不詳のつわものになれる（かもしれません）。もちろん護身術には日常生活での転倒、天災時の救命行動などもろもろが含まれます。

準備運動は適宜でかまいません。もっと軽くても大丈夫ですが、少しでも身体を温めて稽古に入った方が良いと思います。

ここでは参考までに私の道場の普段の方法を紹介します。各々のやり方で問題ないと思います。

①船漕ぎ運動

沖に舟を漕ぎだし心身を清める意味があります。

② 緩やかに左右に捻転
心身の力みをとります。

③ まっすぐ立ち合掌
手のひらから放射する自分の気を感じてください。地球の重力線に自分のセンター軸を合わせることで天地を結ぶパイプとなり気の流れが良くなります。

④ 首の運動
右左、前後に倒し首の力と腕力を拮抗させ、力をかけたまま左右にひねります。

⑤ 手の甲を合わせて組んで伸ばす
まず上に引っ張り上げ6つ数え、肩まで下ろし胸の開閉。前後3回ずつ。
左ひじを落とし手と手を引っ張り合い胸を張ります。
右も同様に。
そのまま左手で右手を引っ張ります。次に右手で。交互に3回ずつ6回。
手を組んだまま肩回し左右連続して6回。
伸びて反り右から大きく2回上体を回します。左からも2回。

⑥ 手を振る

手を横に軽く振ります。６回。

力を入れて６回。

手を縦に軽く６回、強く６回。手招きを軽く６回上から下に強く６回。

肘回し内外６回ずつ。肩から内外回し６回ずつ。

⑦ 手首極め

手首の関節を右手首から６回ずつ極めます。

あまり力を入れず刺激する感じで極めた後、指を動かします。二教三教四教小手返し３回ずつ。

三教は指を取って伸ばしますから、腕全体を戻すように刺激します。

⑧ 足首・足指

正座足首に６回加圧

右足を左脚にとり、足指裂き、全部の関節横縦。足指回し

足首回し　太ももを両手で抱えてかかとを小刻みに打ちます。

⑨ 床転がり

左足に右足をひっかけ両手で左すねを引き付けゆっくり転がる。左右

両手で膝を引き付け後方回転
両手を広げ頭越しにつま先をつく
⑩ 正座して後方に倒れ肩をつく
膝を抑えるように補助してもらいできる範囲で。3回。

最近は、私が故障や病気を抱え、こんな簡単なウォーミングアップも満足に行えない日があります。

普段の激しくない合気道の稽古では少し筋肉をほぐし体温を上げる程度で十分なようです。

◎大周天合気杖術　陰陽転回

ここから気と体動の稽古を行います。

合気道は武道であることを常に忘れずに、気の稽古は形ではなく武技と直結しています。（つまり実効性が不可欠ということです。）

体動は滑らかに、ムラなくスムースに行なうことを心がけて下さい。

〈手捌きと体捌き〉

① 陰転

陰転とは外から内へ向かう回転（右手で行う場合、上から見て反時計回り）。

74ページの要領で、杖に〝外から内へ向かう回転〟を維持させながら、体の周りを大きく回す。

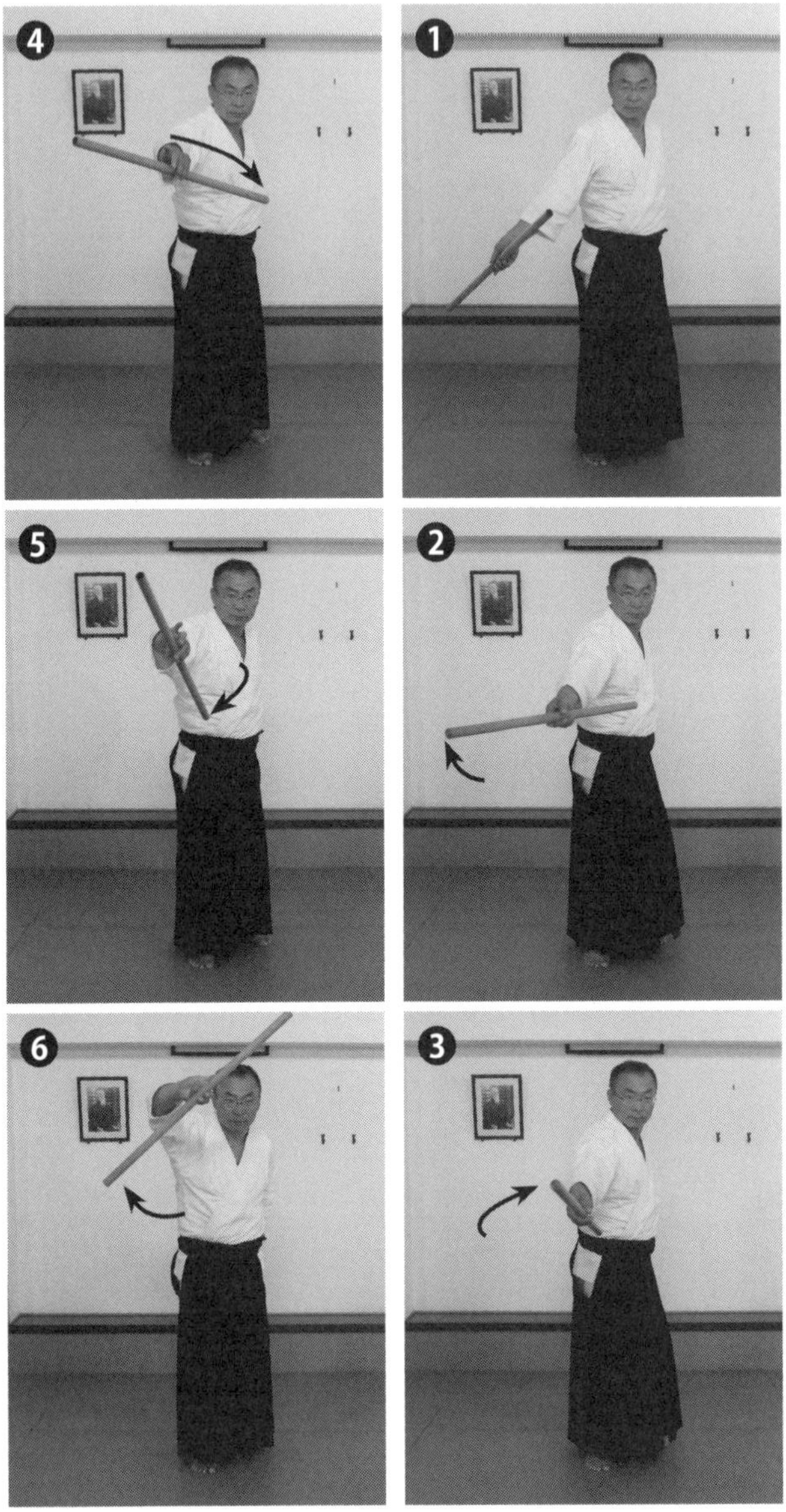

7
8
9
10
11
12

② 陽転

陽転とは内から外へ向かう回転（右手で行う場合、上から見て時計回り）。75ページの要領で、杖に〝内から外へ向かう回転〟を維持させながら、体の周りを大きく回す。

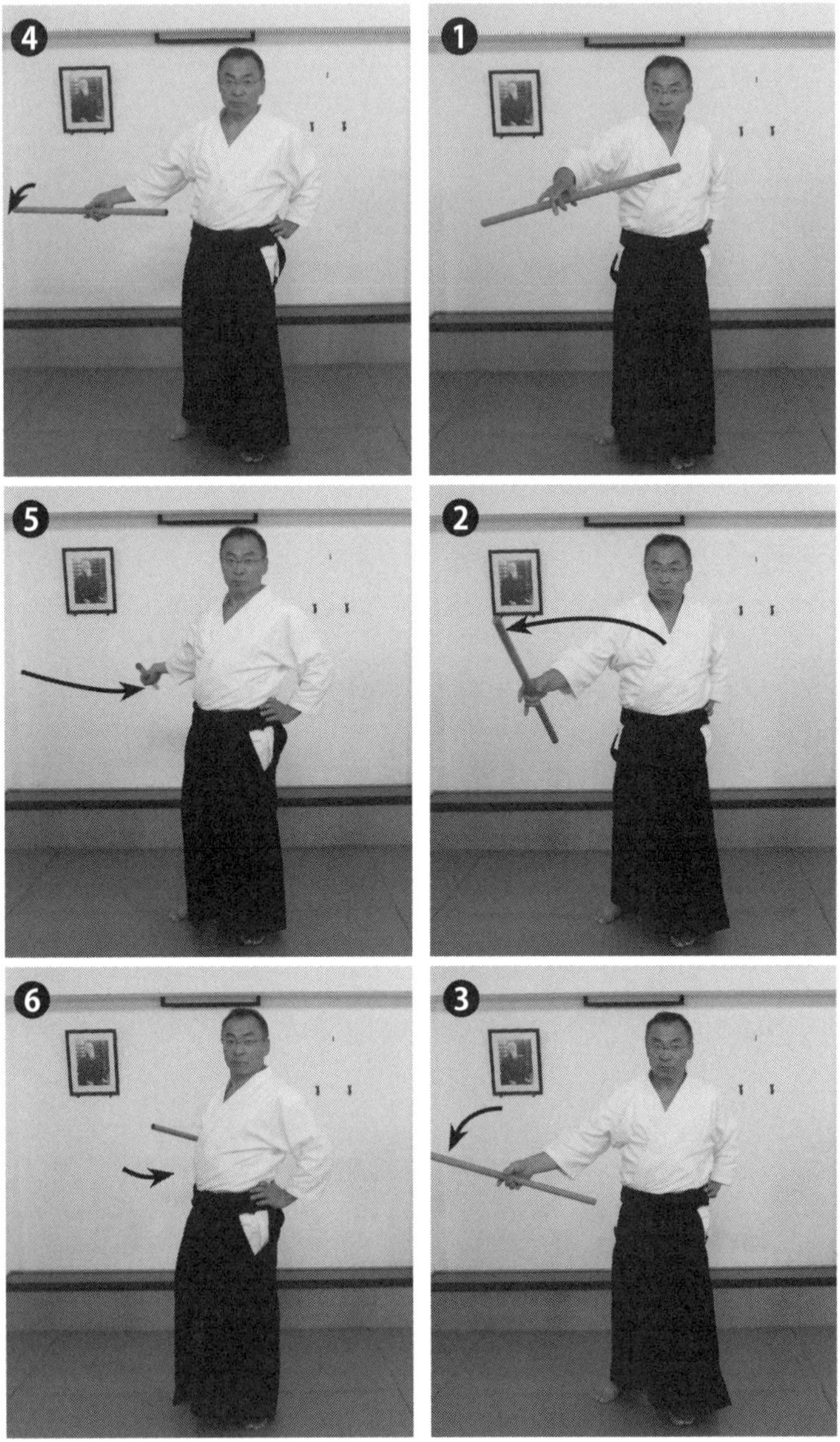

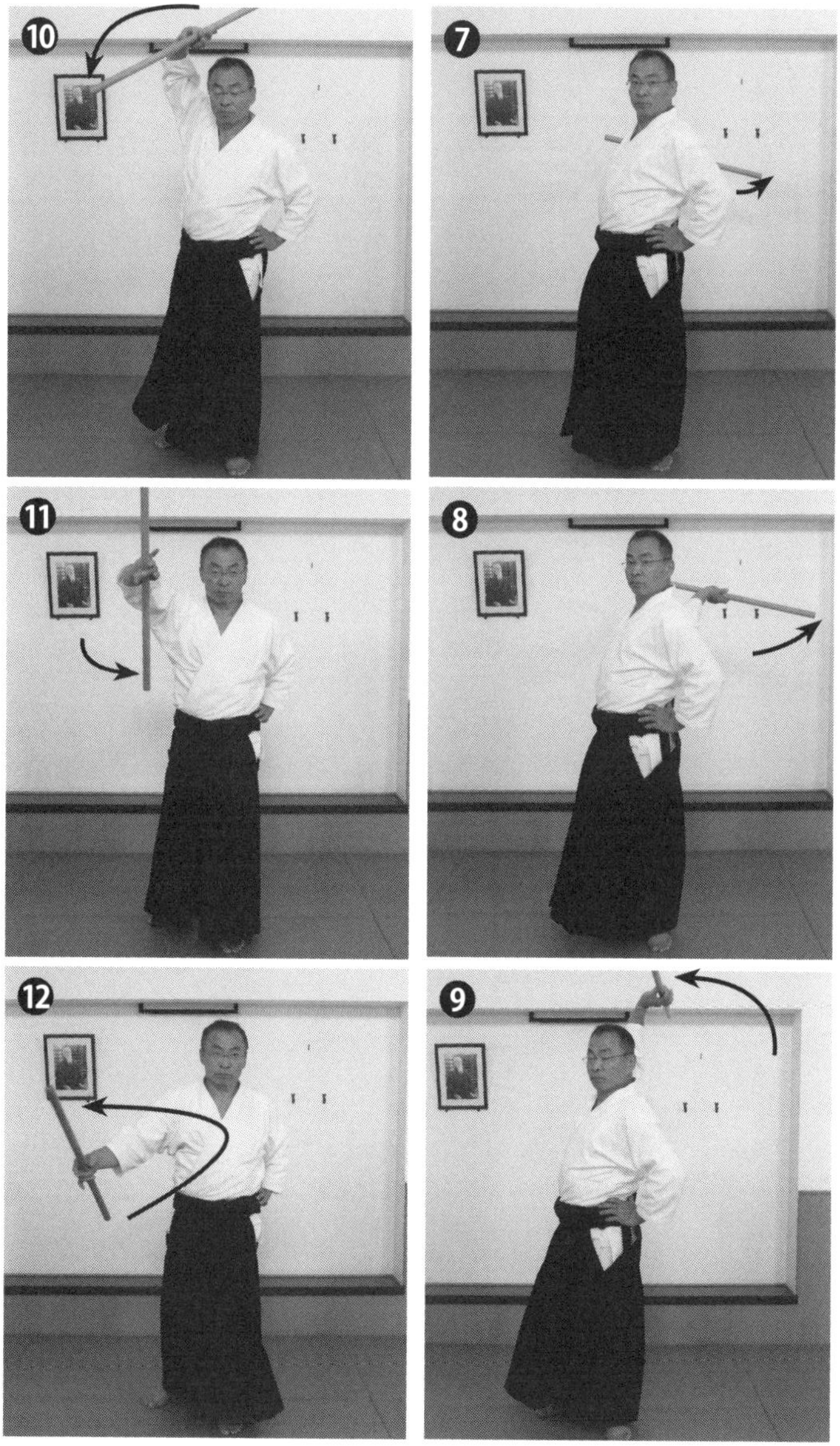

7
8
9
10
11
12

③ 波力

陰転動作を右手から左手へ、体の前で受け渡して連続させる。

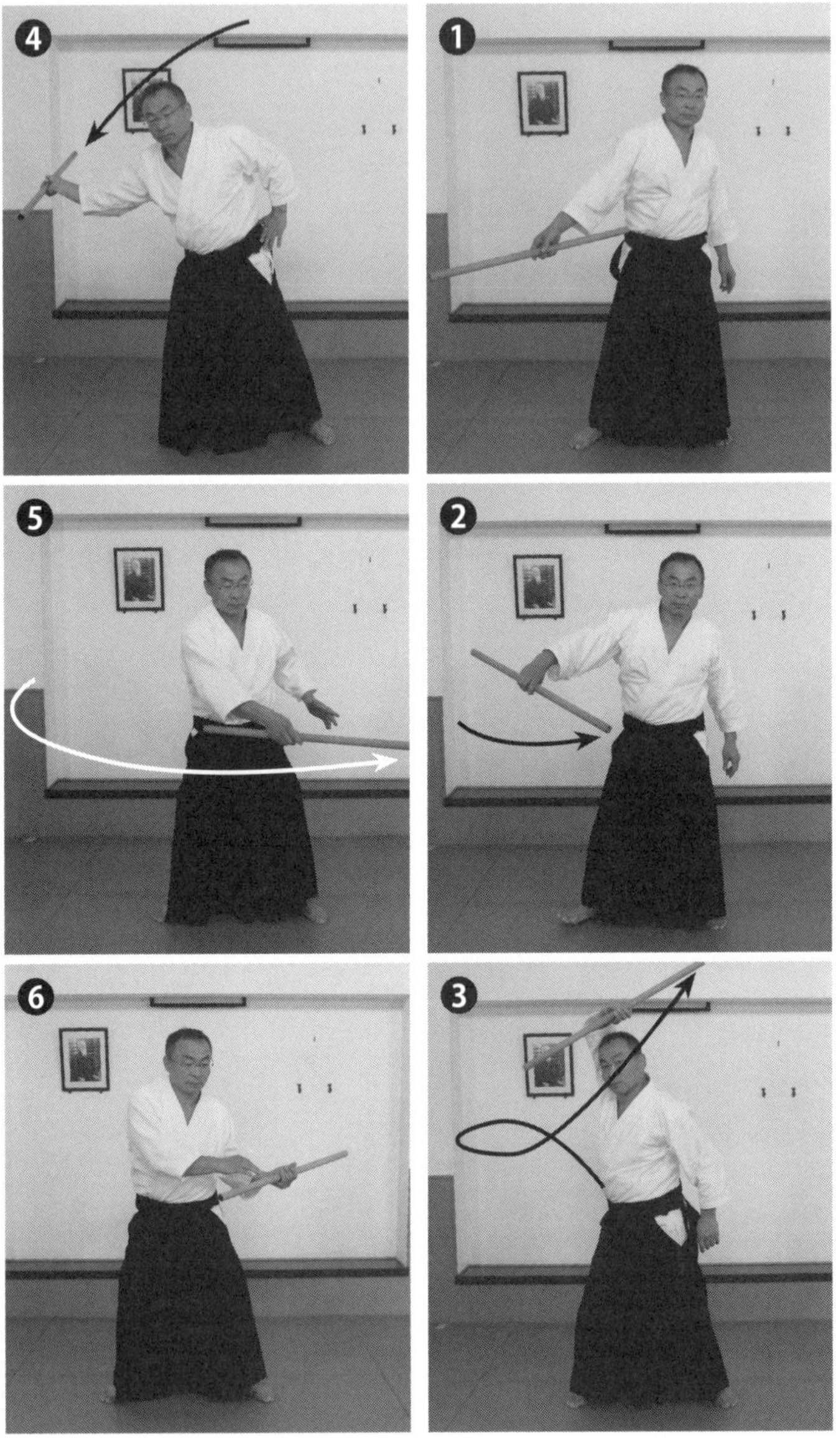

7

8

9

10

11

12

④ 螺風

陽転動作を右手から左手へ、 体の後ろで受け渡して連続させる。

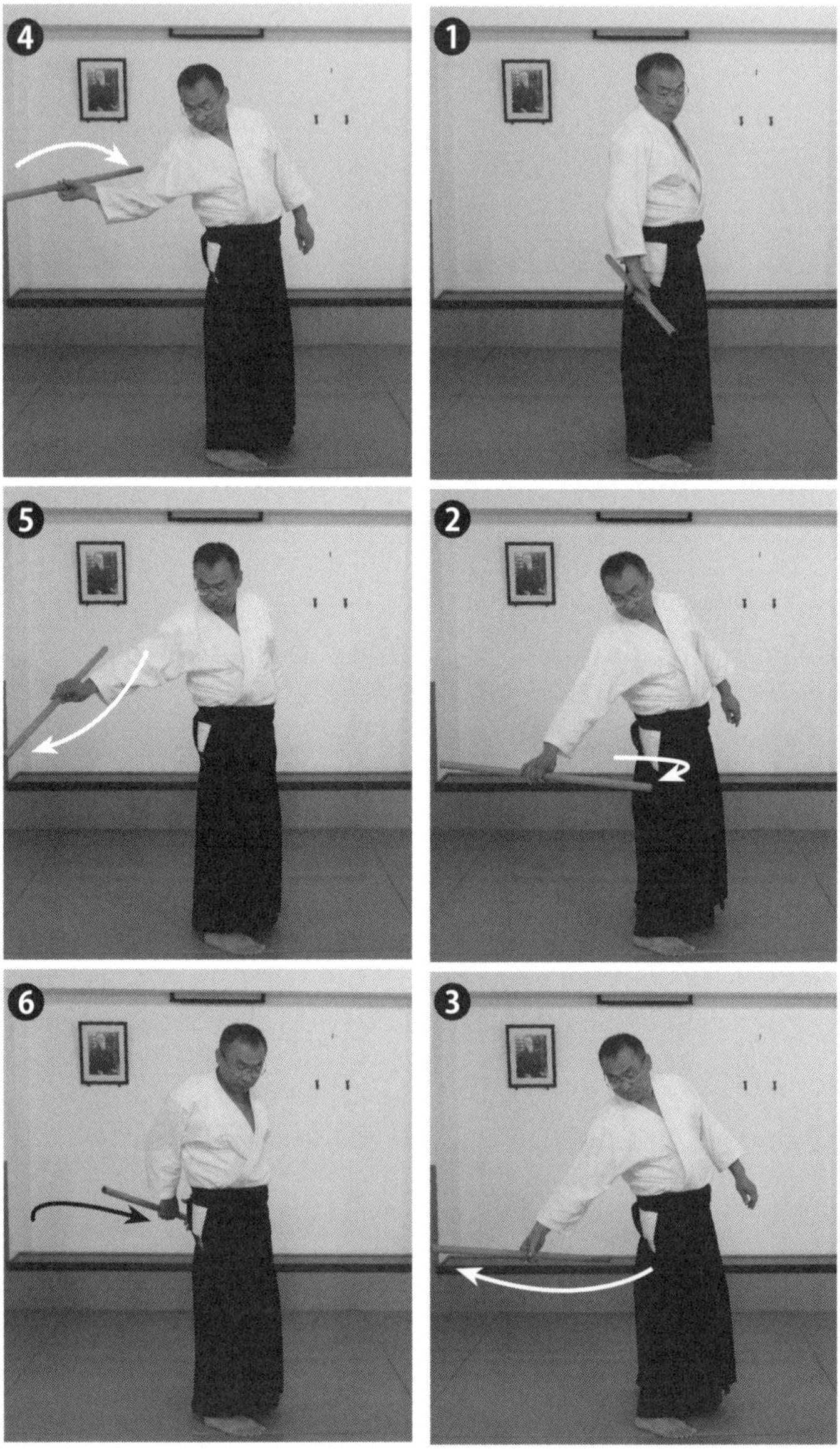

7

8

9

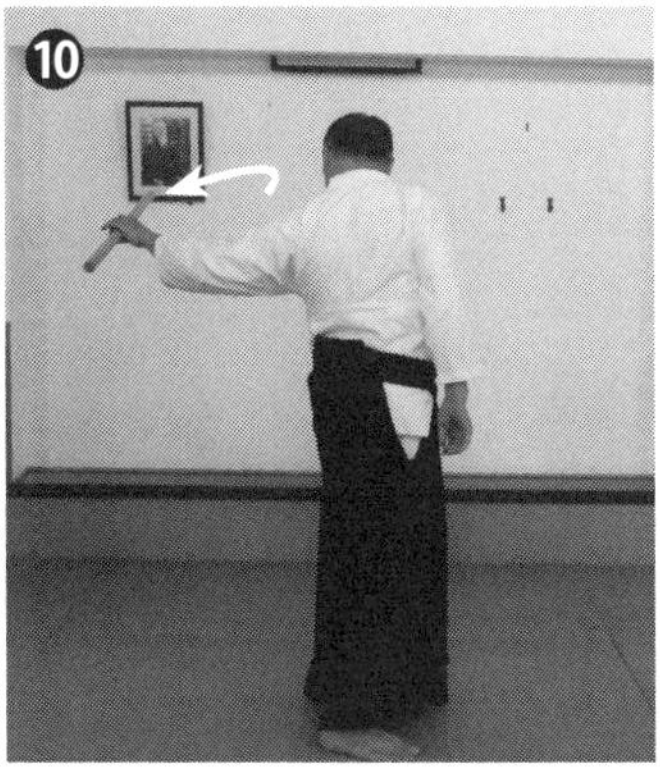
10

11

12

⑤ 杖を支えにして足を前後に振る

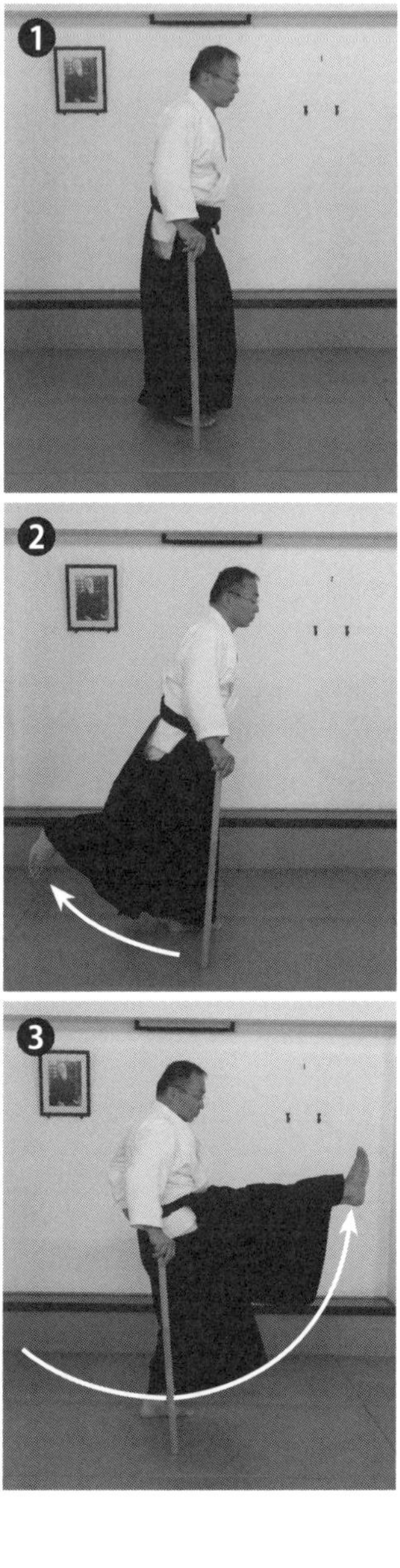

脚の内側の軸を自覚しながら行う。

⑥ 杖を支えにして前後に回転

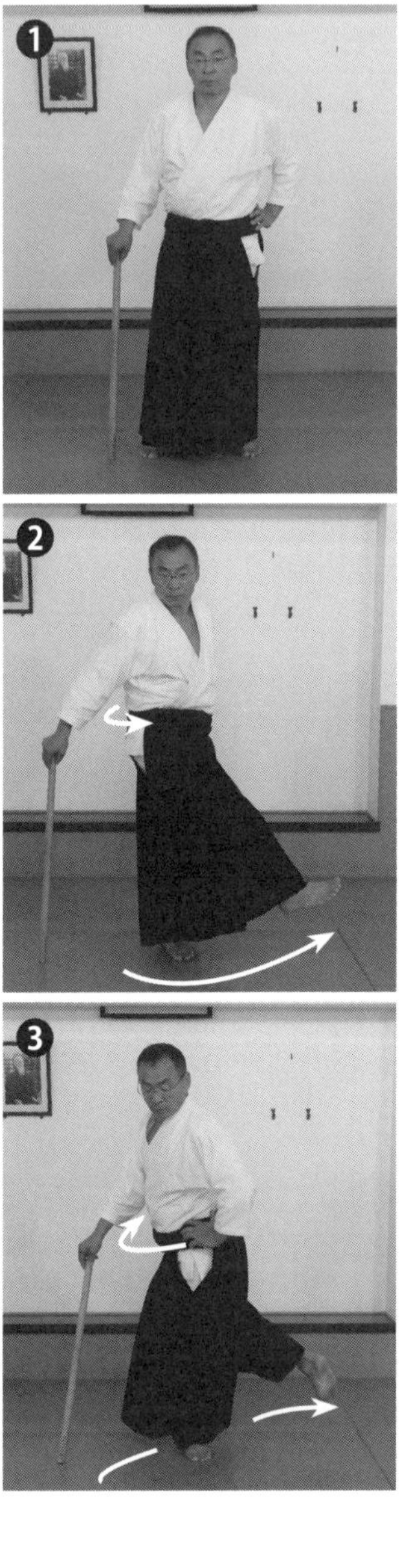

体幹で回転する動きを会得する。

⑦ 軸足踏込み180度捌き

杖を陰転させながら踏み込んだ足を軸として180度体転換する。この後は杖を左手に持ち替え、同じく陰転から逆周りの体転換で元に戻る。

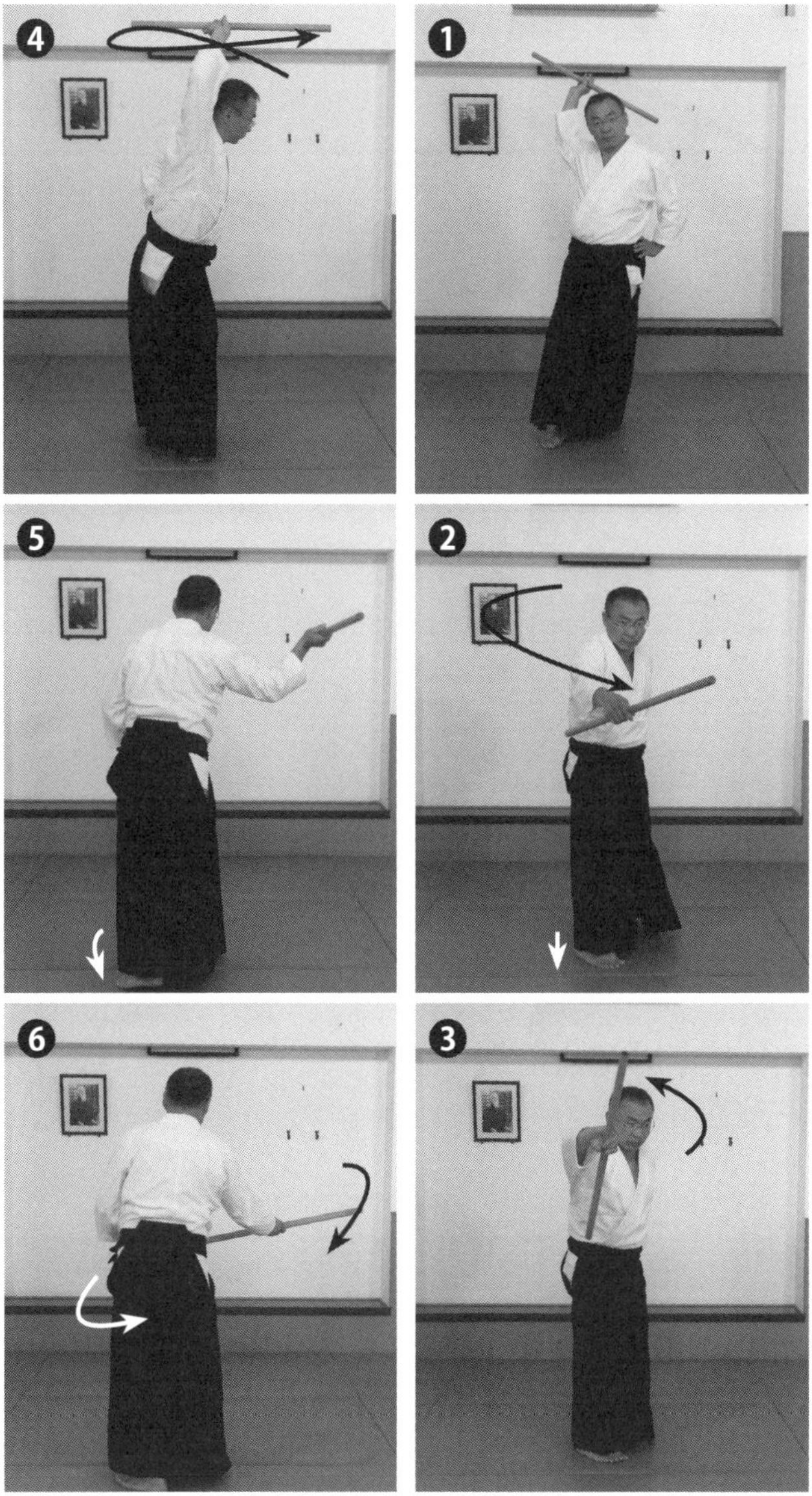

⑧ 後方360度捌き

左足を軸に、右足を下げるようにして360度回転する。

〈手捌きと体捌き〉

① 陰転《いんてん》 内八の字旋回 半身右左
② 陽転《ようてん》 外八の字旋回 半身右左
③ 波力《はりょく》 右手から左手へ前で渡し交互に内八の字旋回
④ 螺風《らふう》 右手から左手へ後ろで渡し交互に外八の字
⑤ 手で杖を支えに足を前後に振る 左右
この稽古で脚の内側の軸をはっきり自覚し、ゆるく鍛えてゆきます。
⑥ 手で杖を支えに前後回転 左右軸足を換えて
この稽古で体幹で回転する動きを会得してください。
⑦ 軸足踏込み180度捌き 内八の字陰転 左右
⑧ 後方360度捌き 左右

合気道には優れた師範が数多く、技の解説本もたくさん出ています。それどころかDVD、ユーチューブ等でもその気になれば合気道独特の動きを見ることも簡単な時代になりました。むろん開祖の神技も見ることができます。

ただ、開祖も先輩たちも数多の技を残していますが、50歳、60歳を超えて合気の道に初めて進んだ方々ではなかなか習得できない動きもたくさん含まれています。私の目標としては70歳80歳の方々でも合気道に触れ、人類史上稀有の身体革命を自分自身に起こすことのできる技、稽古法を作り上げたいのです。どんな人でも驚きの合気を手に入れられるための稽古法がこの陰陽転回、陰陽転換法です。

そもそも武道として考えると、何百もの技を知っていても動きを記憶するだけではほとんど意味がありません。一つか二つ、実効ある技を身につければよいのです。真の実戦は生涯に一度あるかないか、まあないのが普通ですし、合気道の思想を学び、実効性のある身体運用ができるようになったら、ほぼ人と争わない人間として出来上がってきます。なおのことシンプルで効果ある動き、技を身につけることで十分だと思います。

〈対人稽古〉

⑨ 陰転　対手腕を借りて陰転練り

⑩ 陽転　斥力対手右腕を借りて右手、左手を借りて左手回転陽転練り

⑪ 陰転小手返し、二教

〈対人稽古〉

⑨ 対手陰転練り

まっすぐ伸ばしてもらった腕に対し、左手で陰転（時計回り）を加えていく（写真1〜2）。逆側へ送ったら右手で逆回しに受け（写真4）、陰転（反時計回り）を加える（写真5〜6）。

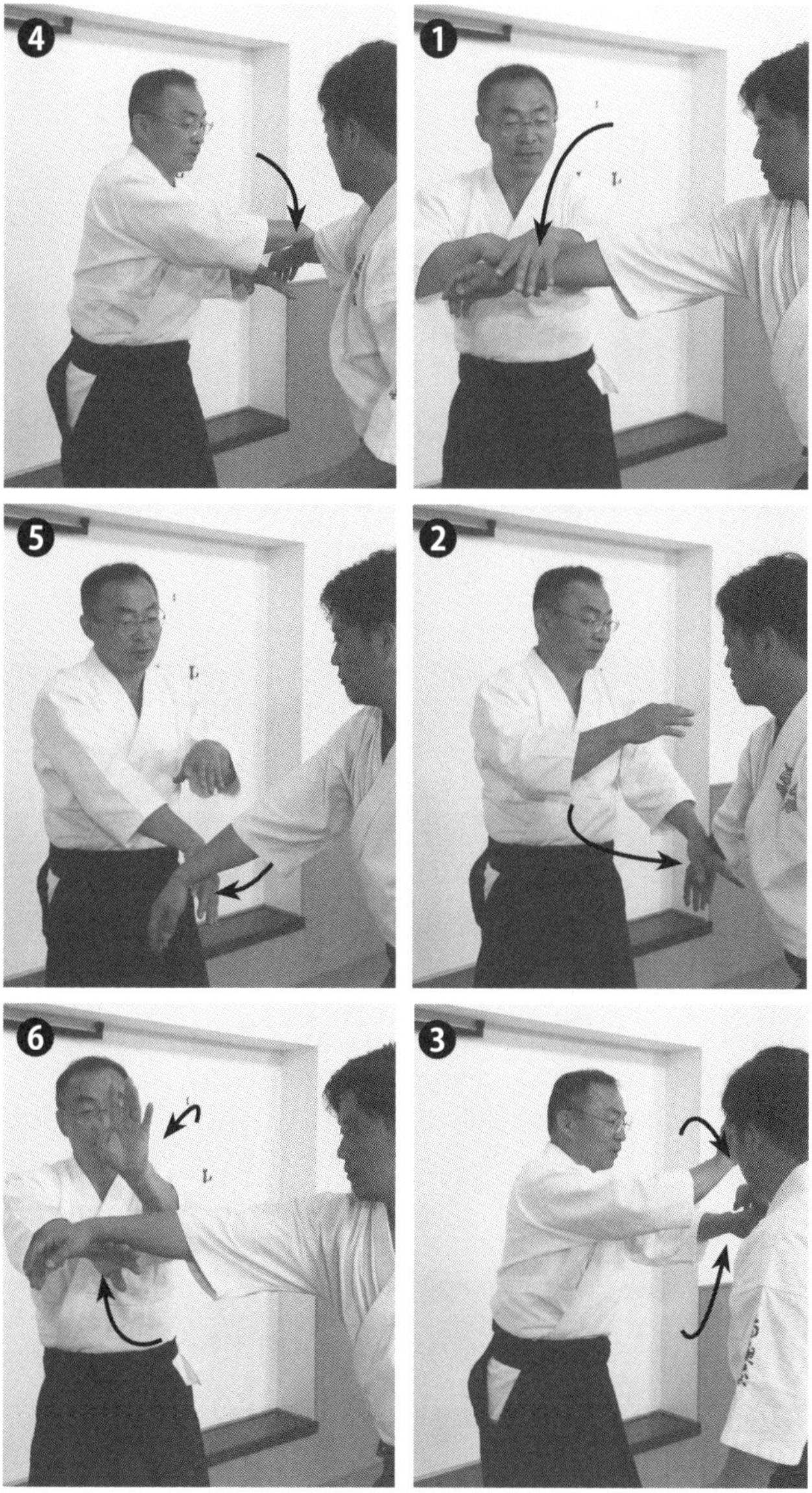

⑩ 対手陽転練り

まっすぐ伸ばしてもらった腕に対し、右手で陽転（時計回り）を加えていく。

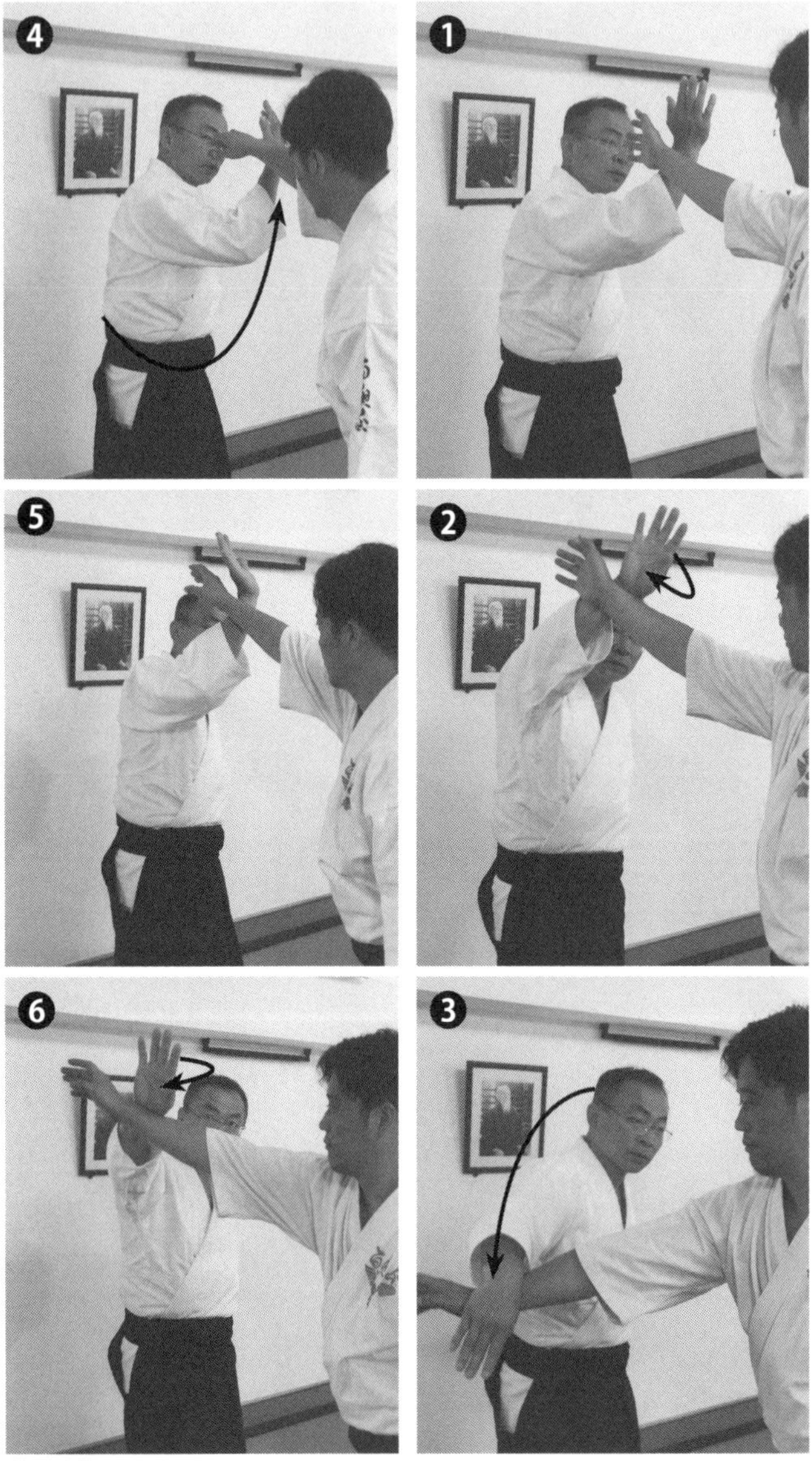

⑪ 陰転小手返し

まっすぐ伸ばしてもらった腕に対し、右手で陰転（反時計回り）を加え（写真2～3）、一回転させた上部で小手を極める（写真4）。続いて左手で陰転（時計回り）を加え、一回転させて上部で小手を極める（写真8）。

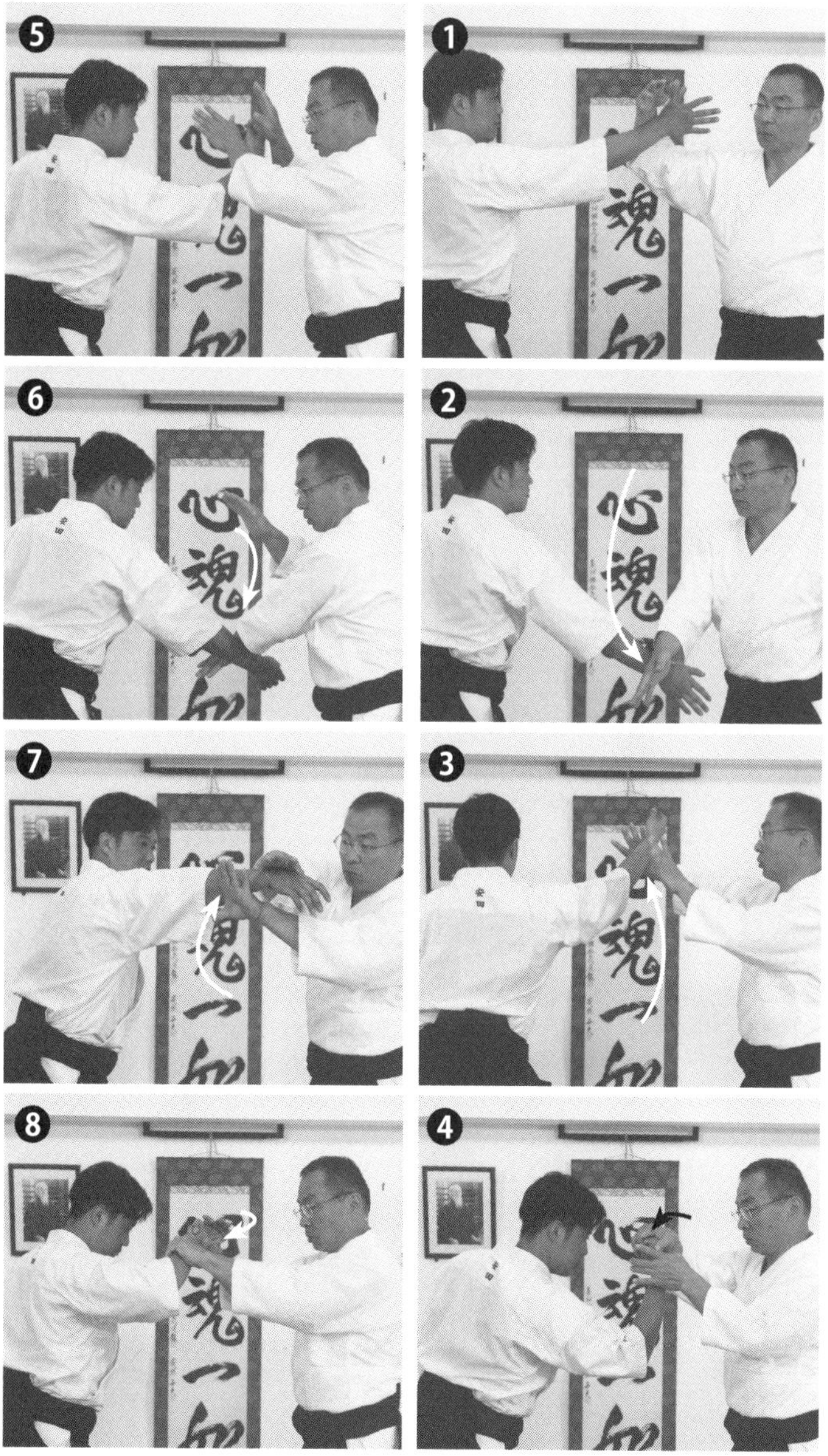

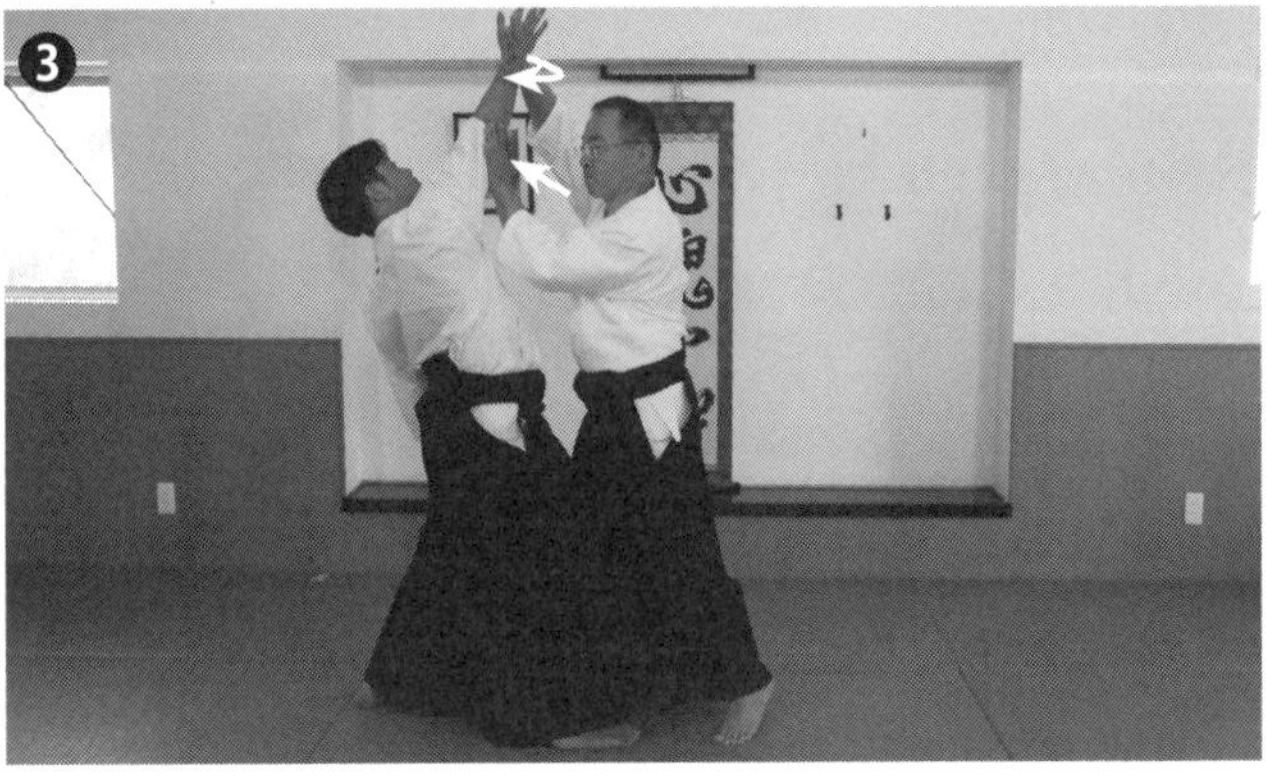

⑫ 対角右手右手　一教表

対角の、相手右手と自分の右手を甲で合わせた状態から（写真1）、右手を小さく陽転させつつ、左手で相手肘を押さえ、まっすぐ進み出て相手の体を崩す（写真2～3）。

⑬ 対角手を取らせて陰転

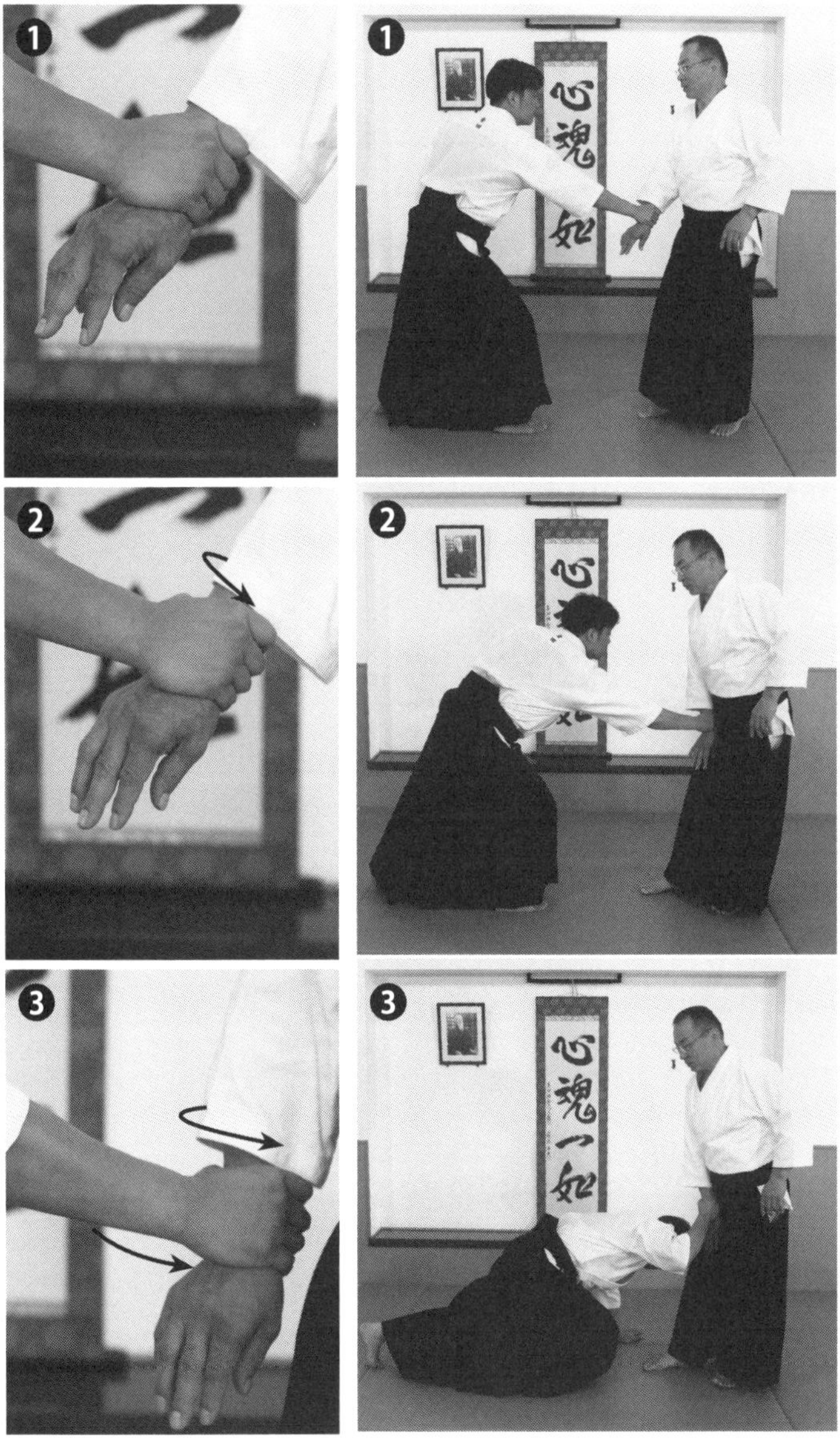

対角の、自分の右手を相手の右手に掴まれた状態から（写真1）、掴まれた右手を陰転させつつ引くことによって相手を崩す（写真2～3）。

⑭ 対角手を取らせて陽転

対角の、自分の右手を相手の右手に掴まれた状態から（写真1）、掴まれた右手を陽転させつつ踏み込むことによって相手を崩す（写真2〜3）。

⑫ 対角右手右手　一教表など
⑬ 対角手を取らせて陰転　斥力　呼吸力
⑭ 対角手を取らせて陽転　斥力

合気道呼吸力を強くする、練気法合気基技（もとわざ）をまとめてみました。

◎直心合気剣　陰陽転換

かつて開祖も師事した大東流合気柔術の武田総角も修めたと伝えられている直心影流剣術を私も少しかじり、そこに合気道につながったであろう稽古法の着想を得ました。

〈木刀の素振り〉

身体を4分割に考えて、陰陽を自在に転換してゆく稽古として両手で素振りを行う。
いずれも出た足は陽、しっかりと親指内腿に重みをかけ、下丹田を股関節に乗せる感じ。

両手握りの前方は陰、腕全体をまるで筒のように扱い、腕力はほぼ使わない。にぎりは非常に柔らかく中指先と親指腹をぺたりと張り付けた感じ。

右片手でだらりと握る。対手に持ってもらって引っ張っても取れないがだらっと。

後方の手は小指薬指中指でしっかり握る。

右手は肩甲骨、胸筋から始まるように意識する。

だらんとした右腕を左手で持ち上げるように構える。

右足で進み、左手小指薬指、右手中指でひっかけて持ち上げ、剣の重みで後方に振りかぶる。

振り下ろしたら左手とスライドして入れ替える。

ここでいう〝陰〟は対手の気を吸収または吸引しながら引く、開く、そして自分の脱力などのことです。

〝陽〟はその逆、進む、出す、出る気のことです。

両手の技の場合、陰陽を左右分担してゆくと技は威力スピードともに増します。

〈木刀素振り〉

まず右片手でだらっと握る。仮に切先を誰かに引っ張ってもらってもはずれない。けれどもあくまで "だらっと"。そんな握り方で。

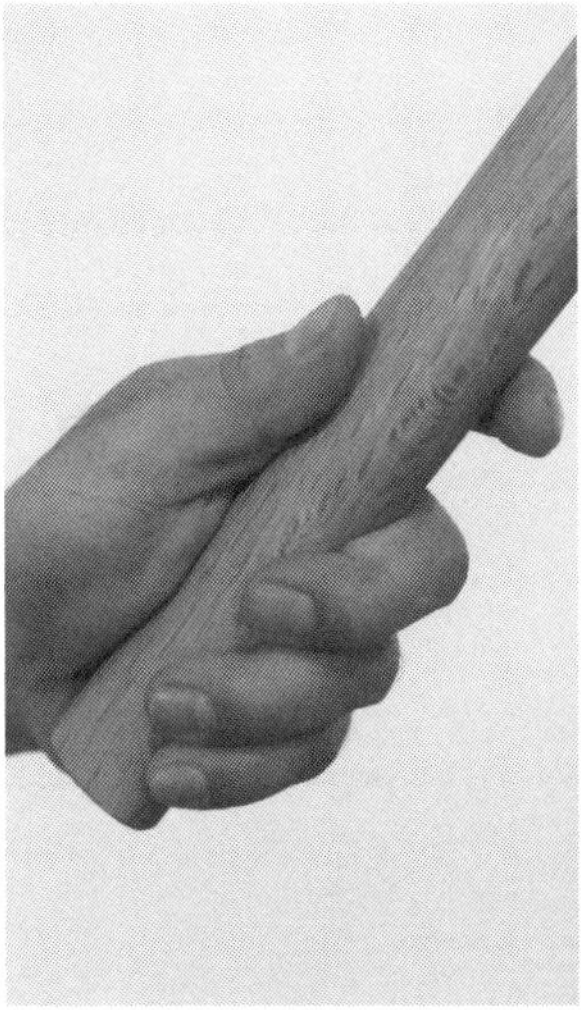

後方の手（左手）は小指薬指中指でしっかり握る。

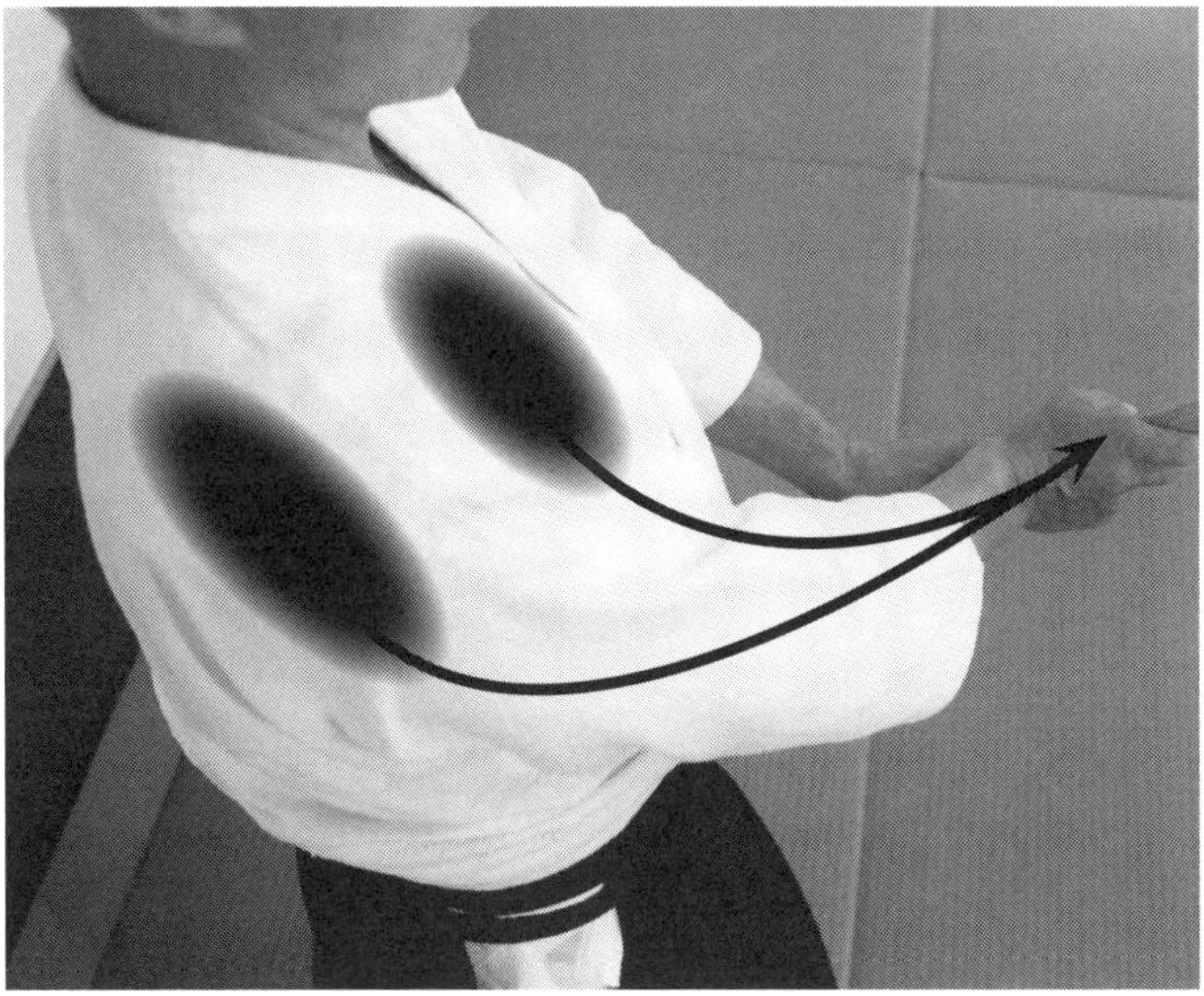

右手は肩甲骨、胸筋から始まる。

だらんとした右腕を左手で持ち上げるように構える。

右足で進み、左手小指薬指。右手中指でひっかけて持ち上げ、剣の重みで後方に振りかぶり、振り下ろす。

左右手の入替え

振り下ろしたら左手とスライドさせ入れ替え、足は入れ替えずに同様に振る。

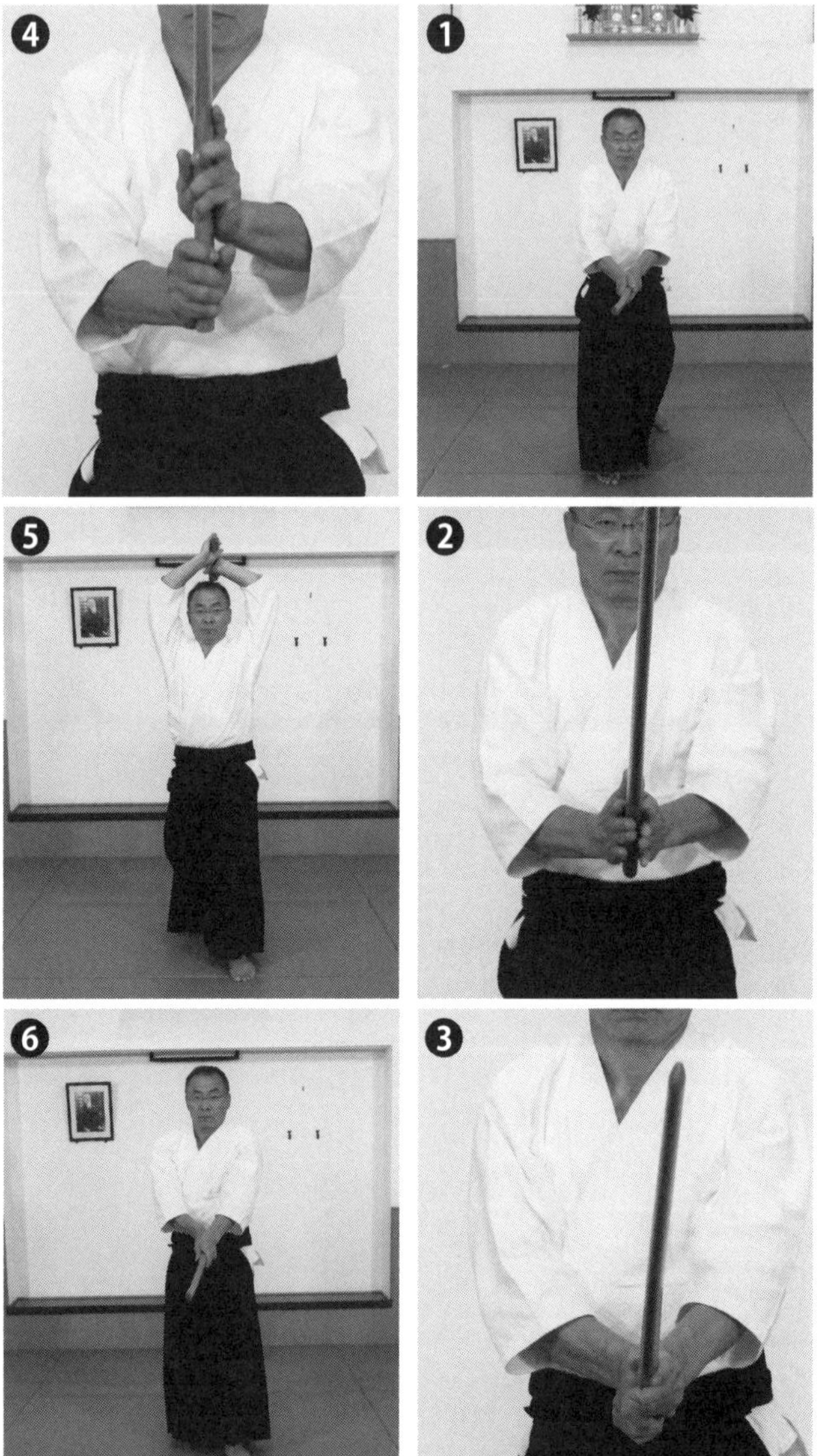

逆手素振り（左右転回）

片手で逆手に持った木刀を振る。" ∞ " の字様に。

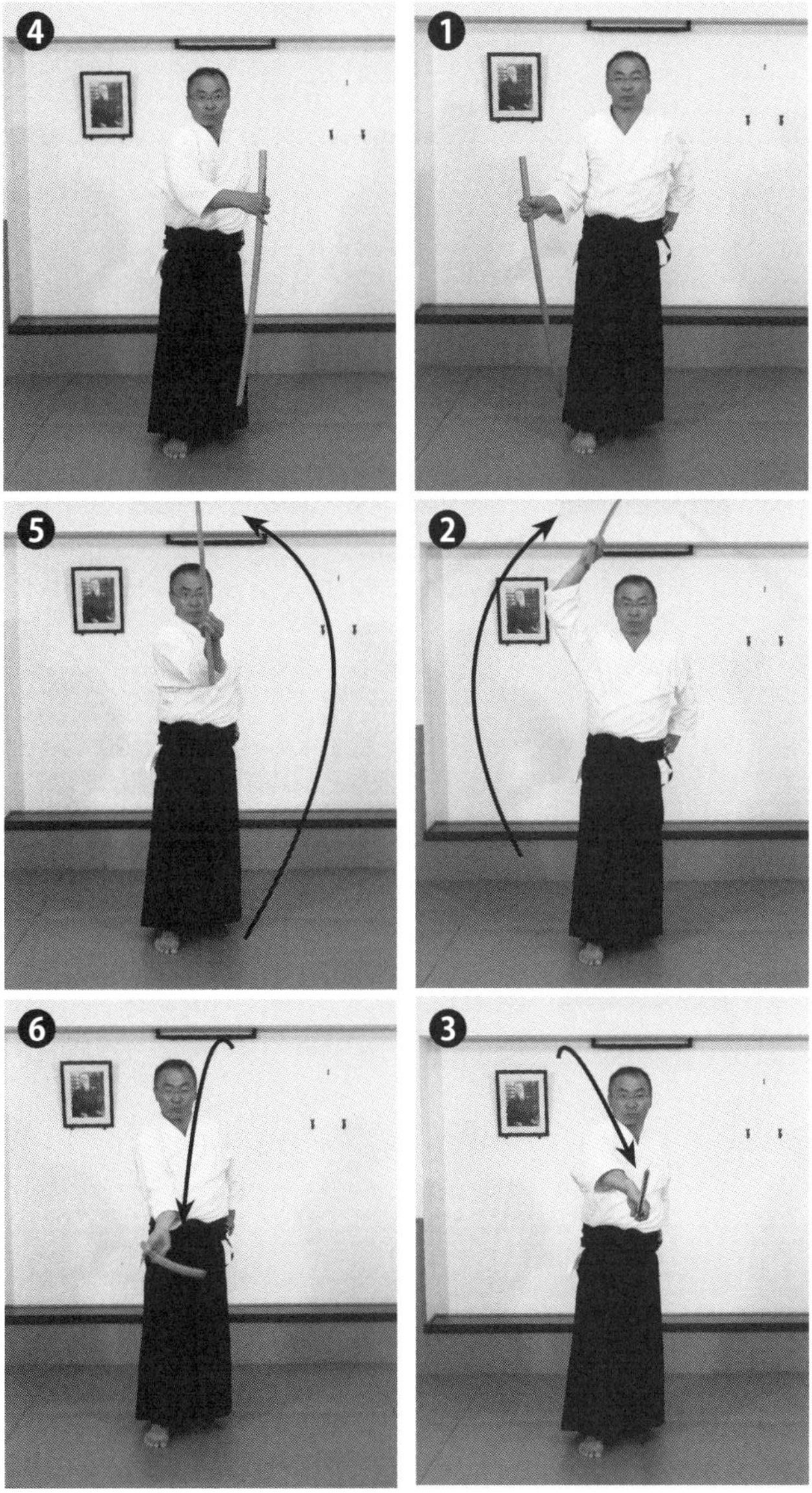

〈逆手素振り〉

木刀を逆手に片手で持って素振りを行う。

〃∞〃の字様に振る。

◎合気道実技

ここでは陰陽転回からの技を詳しく見ます。

技の起こりを陰陽転回、陰陽転換から行います。

〈陰陽転回〉

① 陰転四方投げ

② 陽転一教表

③ 陽転一教裏

④ 陽転入り身投げ

⑤ 陰転回転投げ裏
⑥ 陽転回転投げ表
⑦ 陽転入り身投げ（左手右手）
⑧ 左手陰転右手陽転引き倒し
⑨ 右手陽転左手陰転二教表抑え

〈陰陽転換〉

① 右半身陰結び左手陽で抑える
② 同じく左へ回り込んで入り身投げ

陰陽転換は、左右上下を自在に脱力（＝陰体）対手の力を吸収陰結びします。他半身を自在に動かす陽（＝陽体）となすことで、脳も身体もますます進化して行くと思います。

陰陽転換は弱者に有利をもたらす技法です。

〈陰陽転回と陰陽転換の比較〉

一教表腕抑えを陰陽転回と陰陽転換で

〈陰陽転回〉

〝陰〟の体動と〝陽〟の体動を効果的に連動、移行させ、技となす。

① 陰転四方投げ

右手でこちらの右手を掴まれたところ（写真1）、右手を陰転させ差し上げつつ、左足から右斜め方向へ入身（写真2〜3）。腕をくぐりつつ右回りに体転回して、相手を背後方向へ陽転で投げ落とす（写真4〜6）

（右ページ写真1〜4の動きを別角度より）

② 陽転一教（表）

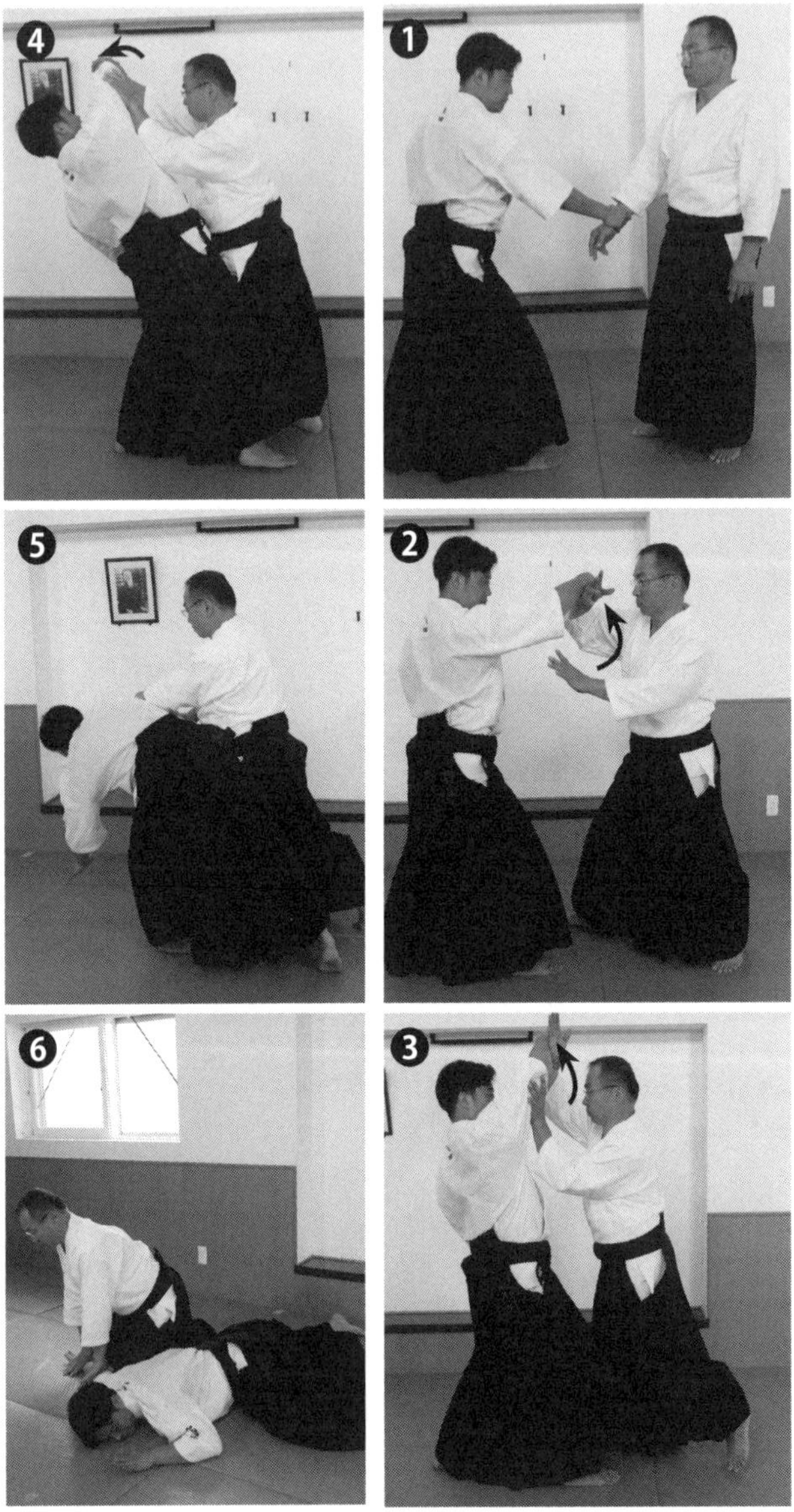

右手でこちらの右手を掴まれたところ（写真1）、右手を陽転させ差し上げつつ、右足からまっすぐ入身（写真2〜3）。相手右肘を左手でとらえ、そのまま正面方向へ相手を崩し（写真3〜4）、手を下ろしつつさらに前方へ誘導し、床に伏せさせ腕を極める（写真5〜6）。

（右ページ写真1〜4の動きを別角度より）

③ 陽転一教（裏）

右手でこちらの右手を掴まれたところ（写真1）、右手を陽転させ差し上げながら左手で肘を押さえつつ左足から踏み込んで崩し（写真3～4）、すかさず右足を引きながら回し落とし、床に伏せさせ、腕を極める（写真5～6）。

（右ページ写真1～3の動きを別角度より）

④ 陽転入り身投げ

右手でこちらの右手を掴まれたところ（写真1）、右手を陽転させ差し上げながら入り身し（写真2〜4）、相手背後から左手で肩口をとらえ（写真4）、右回りにひき回した逆側から右手の陰転で投げ落とす（写真5〜8）。

❺

❻

❼

❽

⑤ 陰転回転投げ（裏）

左手でこちらの左手を掴まれたところ（写真1）、左手を陰転させ差し上げながら腕をくぐり（写真2～4）、右手陽転で相手首を落とし、左手陰転で相手の右腕を上げつつ回転投げ（写真5～6）。

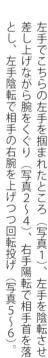

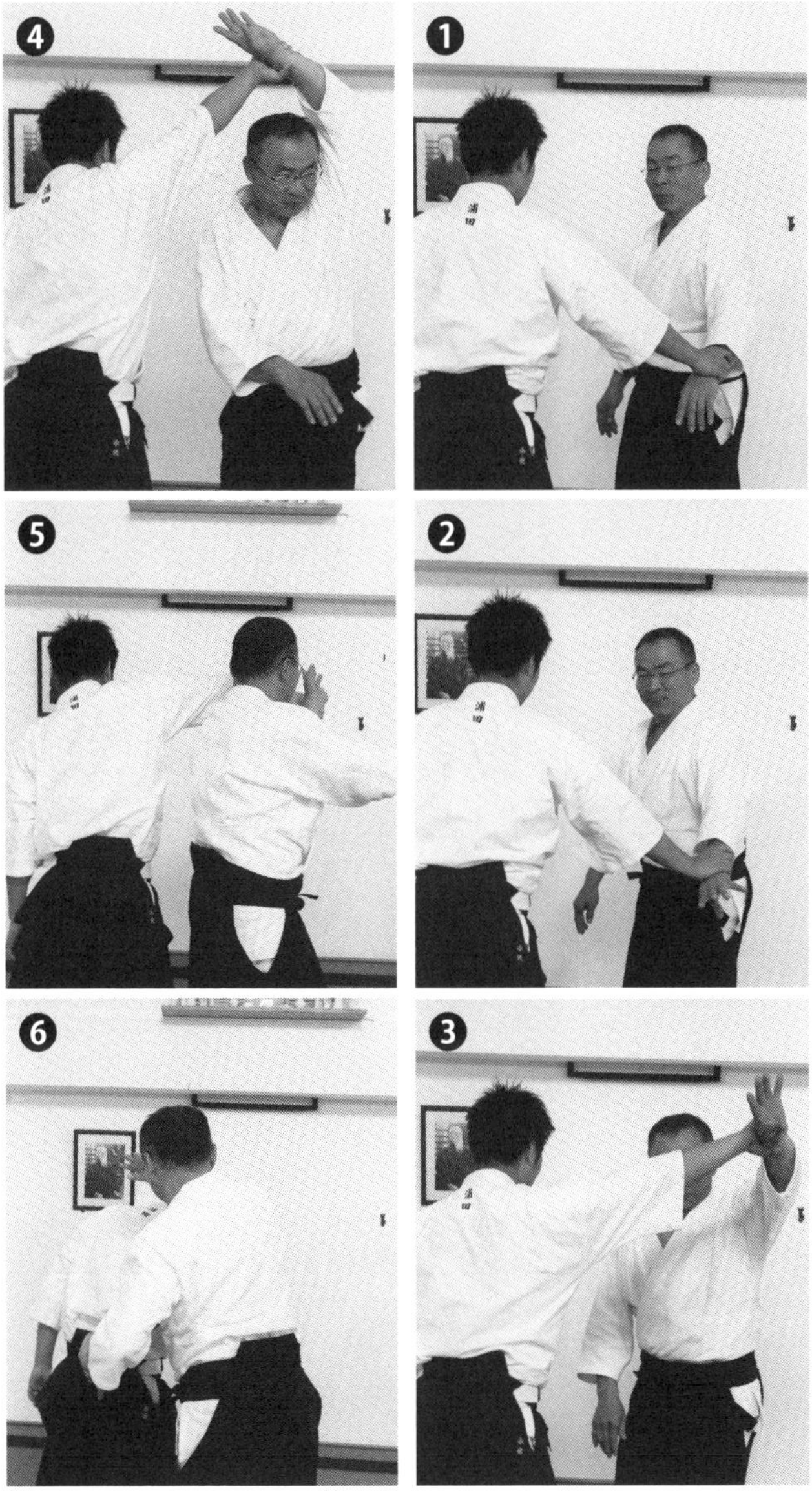

（右ページ写真1〜4の動きを別角度より）

⑥ 陽転回転投げ（表）

左手でこちらの左手を掴まれたところ（写真1）、左手を陽転させ差し上げながら入り身し（写真2～4）、右手陽転で相手首を落とし、掴まれている左手を陰転させることによってで相手の右腕を上げつつ回転投げ（写真5～8）。

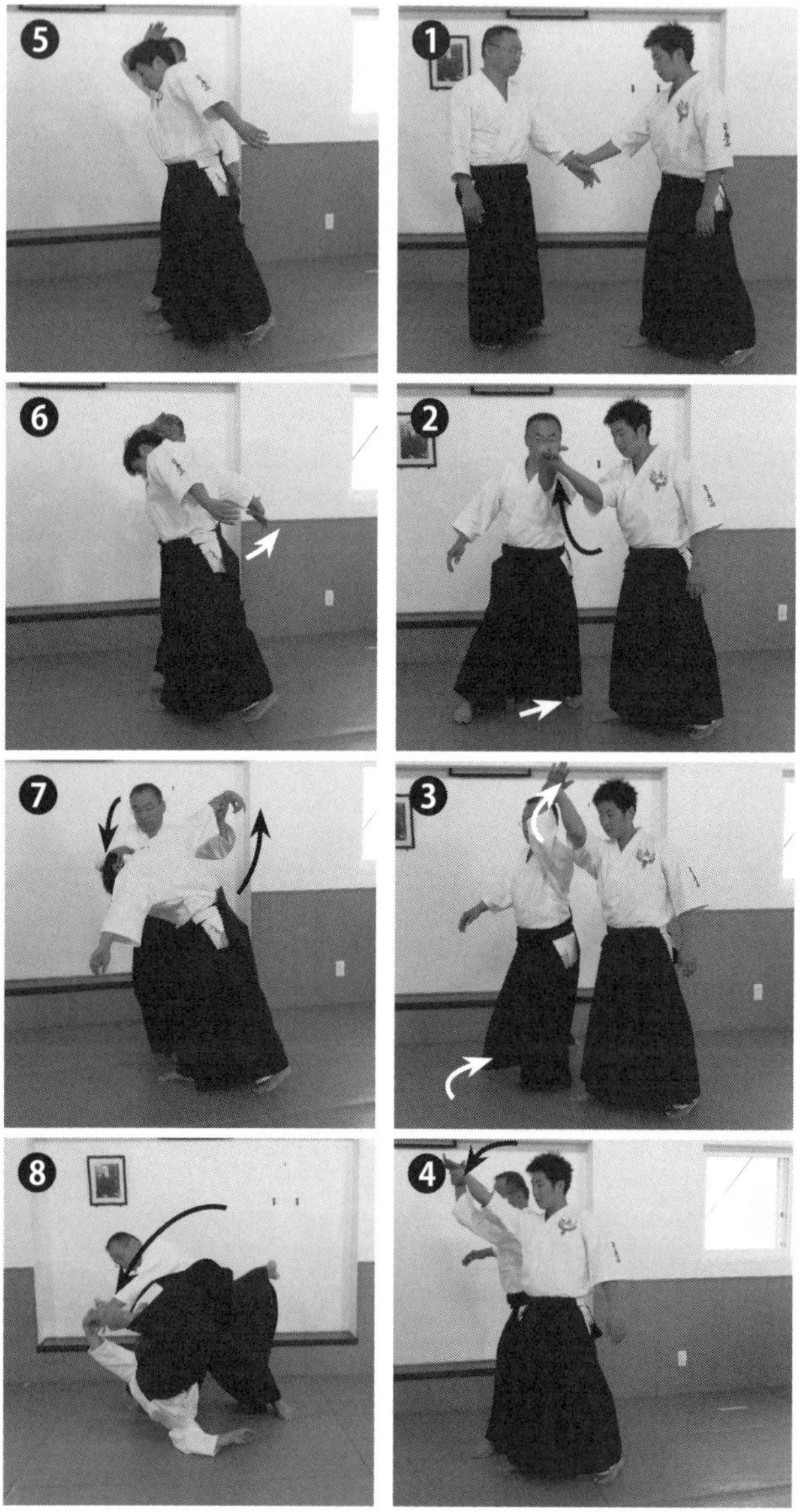

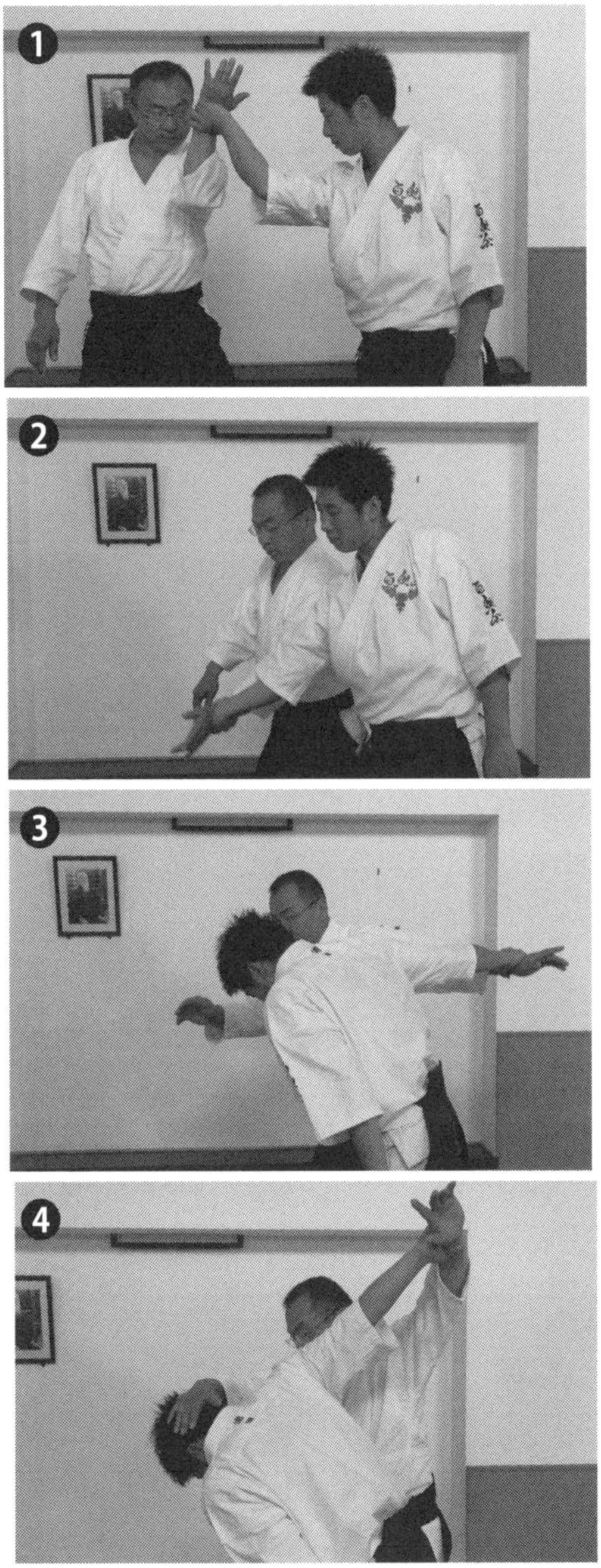

（右ページ写真2〜7の動きを別角度より）

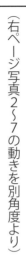

⑦陽転入り身投げ（左手右手）

右手でこちらの左手を掴まれたところ（写真1）、左手を陰転させ差し上げながら踏み込み（写真2）、右手を相手右脇下から陽転に差し上げる（写真3）。さらに相手背後に入り身しつつ、右回りに引き回した逆側からの右手の陰転で投げ落とす（写真4〜6）

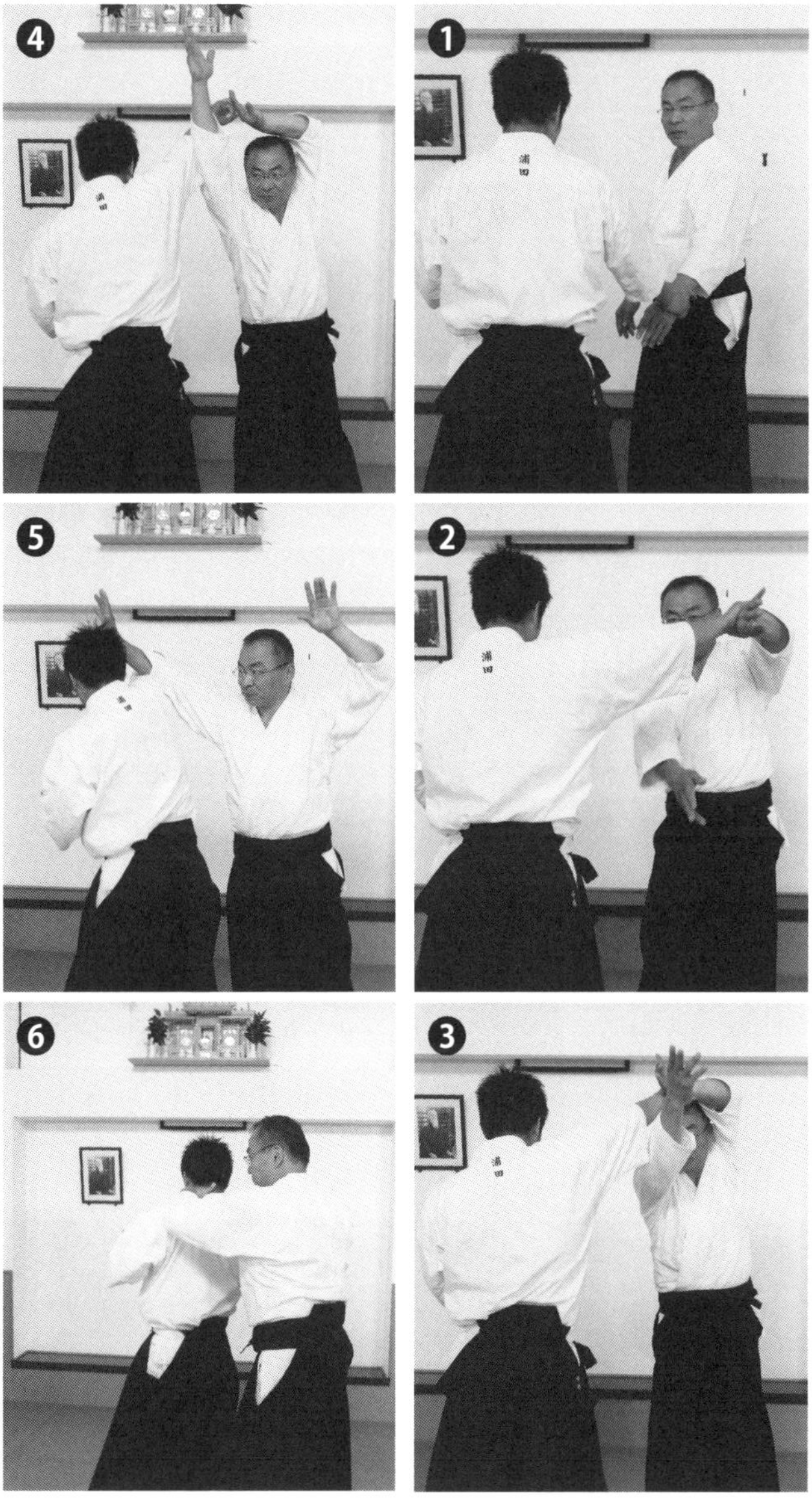

（右ページ写真1～4の動きを別角度より）

⑧ 左手陰転右手陽転引き倒し

右手で突いてきたところ、左手陰転で内に抑え（写真1～3）、右手を陽転で相手右脇下から差し上げ（写真4～5）、右肩口を巻き込むようにとらえつつ入り身し（写真6）、相手背後をとって後方へ引き倒す（写真7～8）。

（右ページ写真2〜6の動きを別角度より）

⑨ 右手陽転左手陰転二教表抑え

右手で突いてきたところ、右手陽転、左手陰転で右へ受け流しつつ左手で相手右手首をとらえ（写真1～3）、そのまま左手陰転で左方へ送って相手右手を小指側が上にくるようにさせて右手を添え、下方へ極め抑える（写真4～6）。

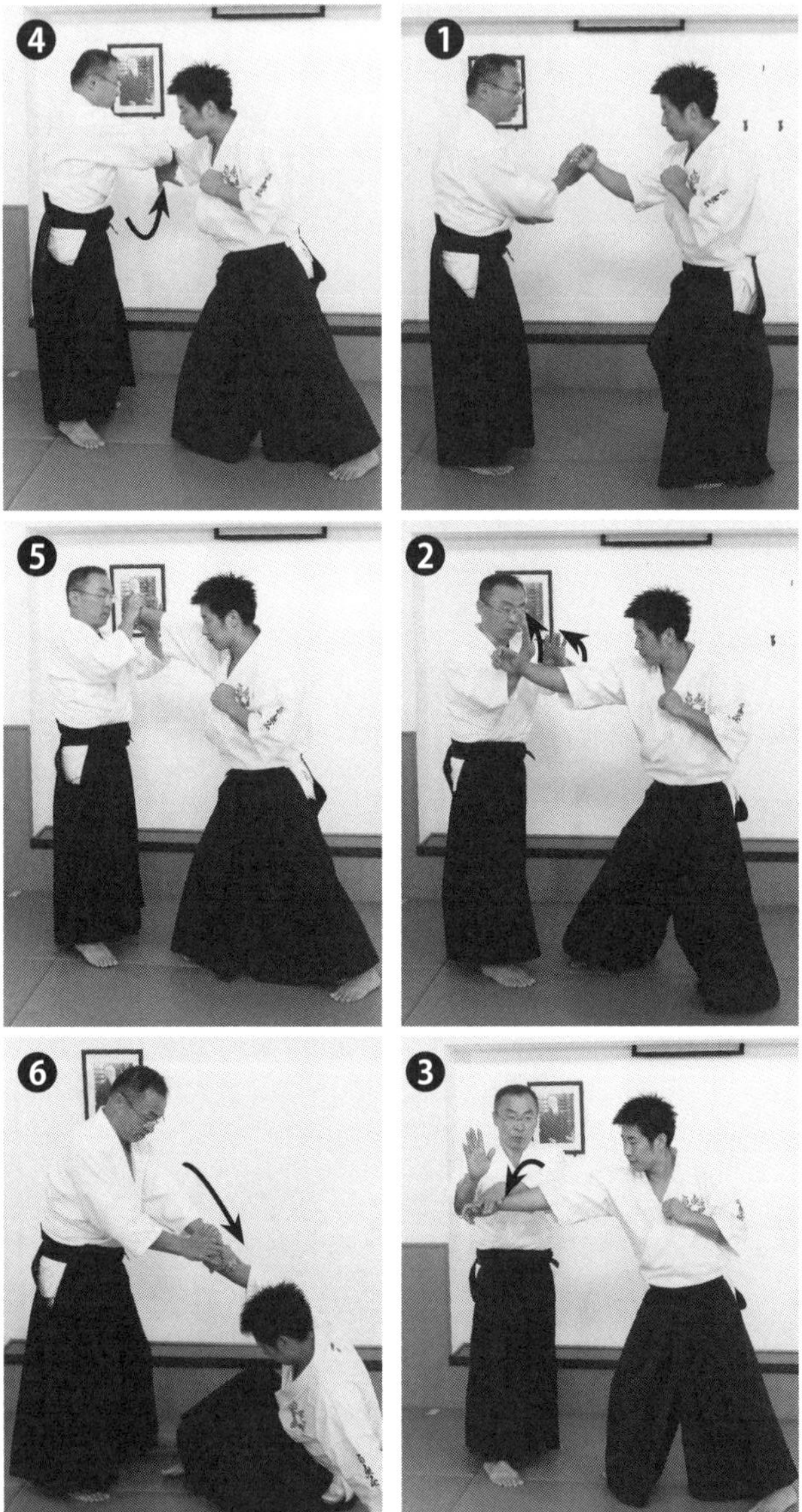

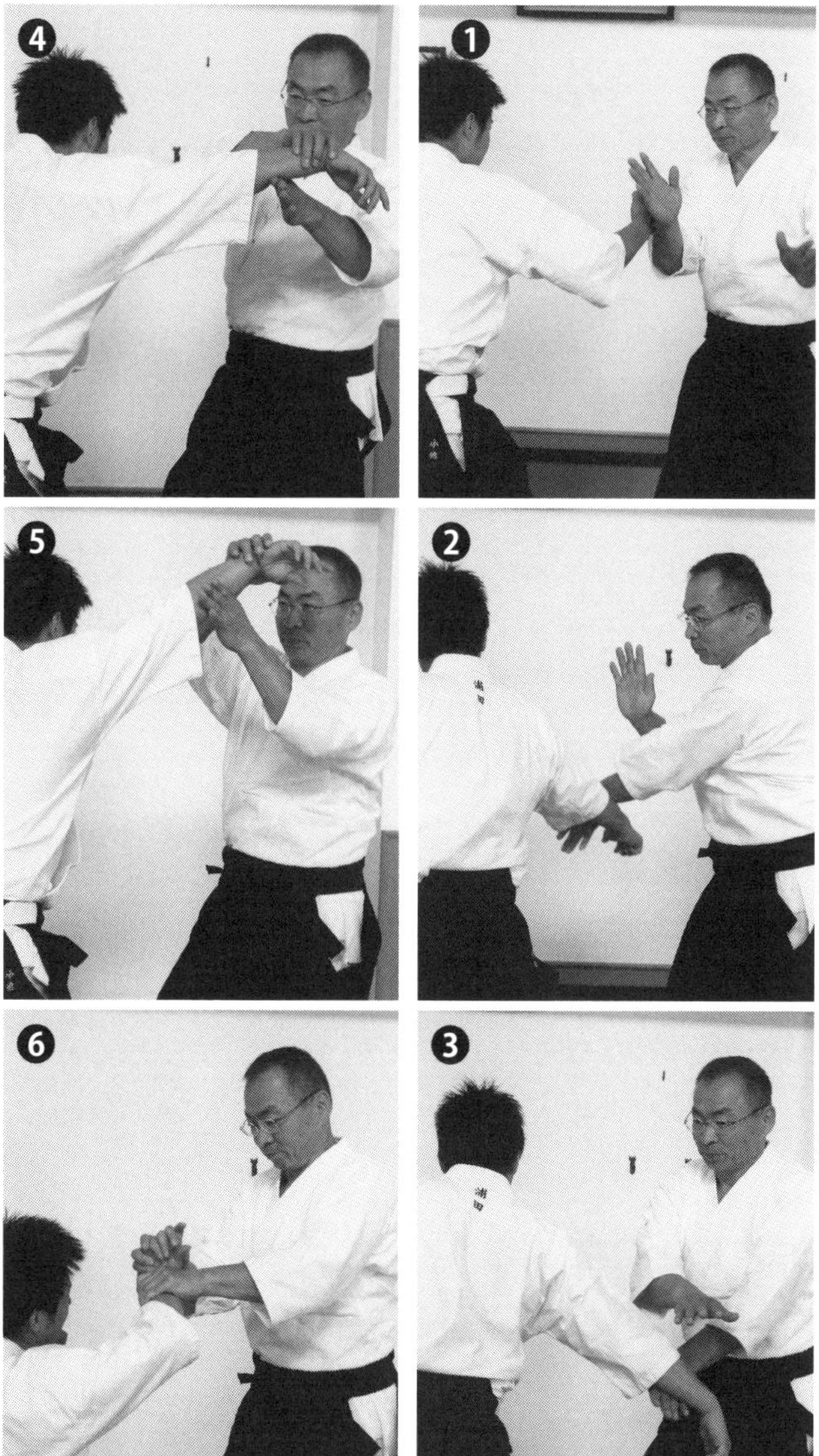

（右ページ写真1～6の動きを別角度より）

〈陰陽転換〉

力を受けているところを脱力させる（＝陰体）ことによって吸収陰結びし、同時に他方を自在に動かす（＝陽体）ことで技となす。

①右半身陰結び左手陽抑え

右手を相手に両手で掴まれたところ、掴まれた右半身を脱力して陰結びし、左手を陽となして相手の手に添え、抑える。

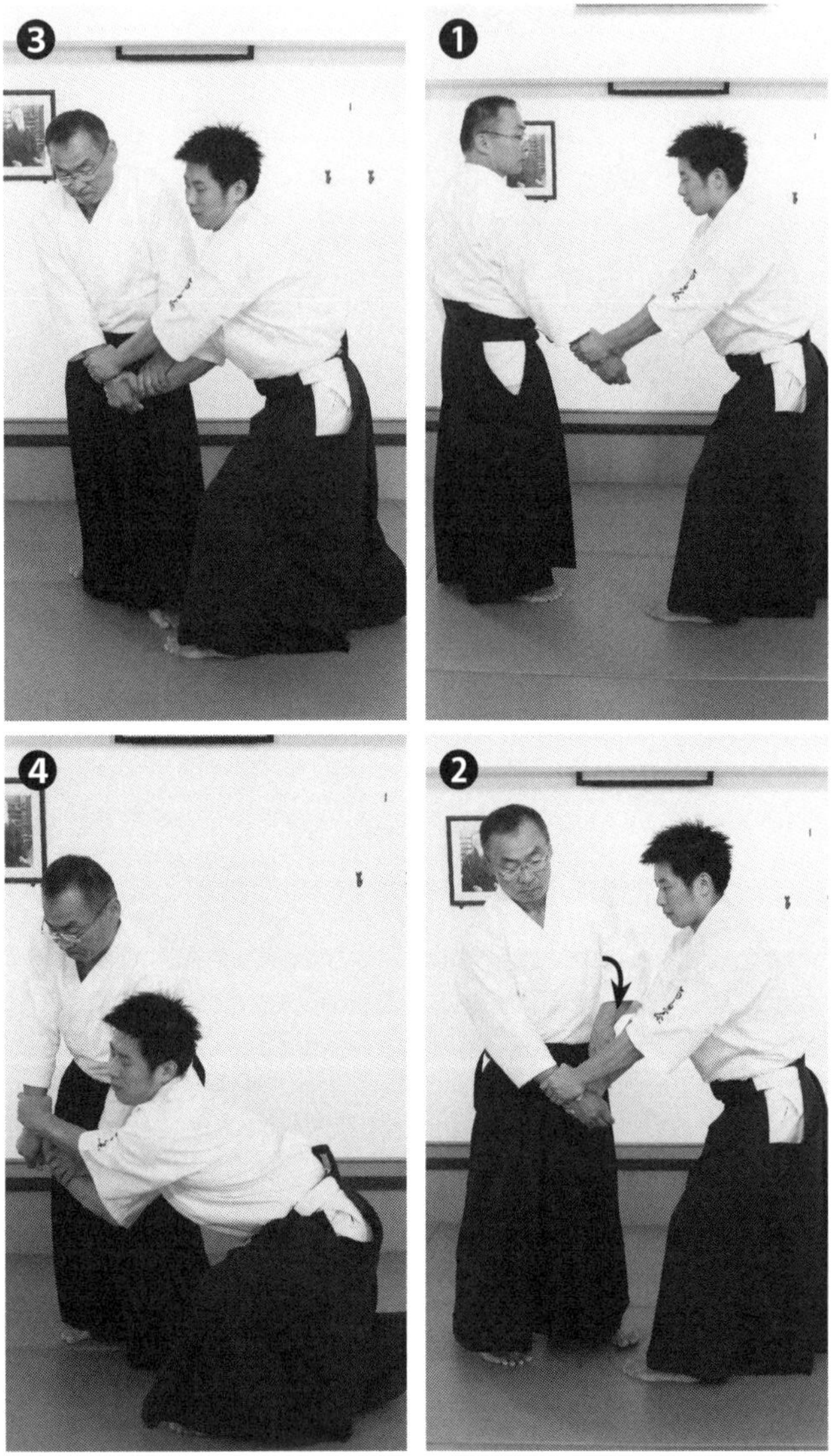

（右ページ写真1〜4の動きを別角度より）

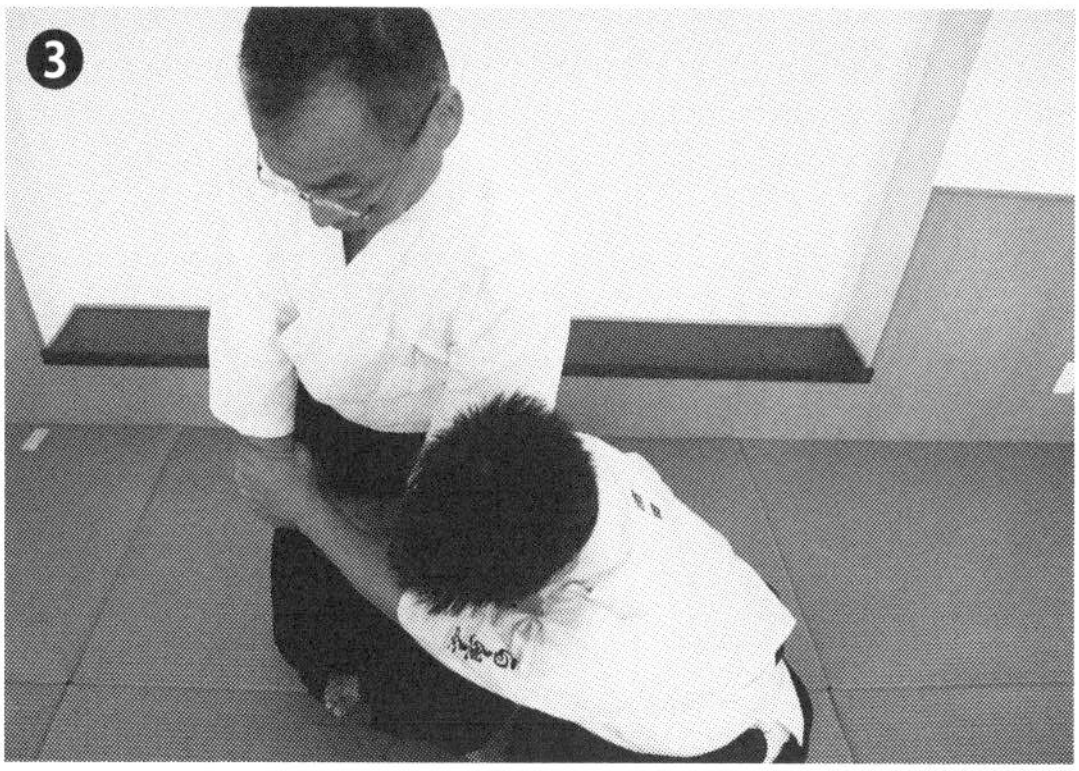

② 右半身陰結び 左手陽入り身投げ

右手を相手に両手で掴まれたところ、掴まれた右半身を脱力して陰結びし、左半身を陽となして左から入り身し、相手背後から左肩口をとらえる（写真1～3）。右回りにひき回し、逆側からの右手の陰転で投げ落とす（写真4～6）

（右ページ写真1～6の動きを別角度より）

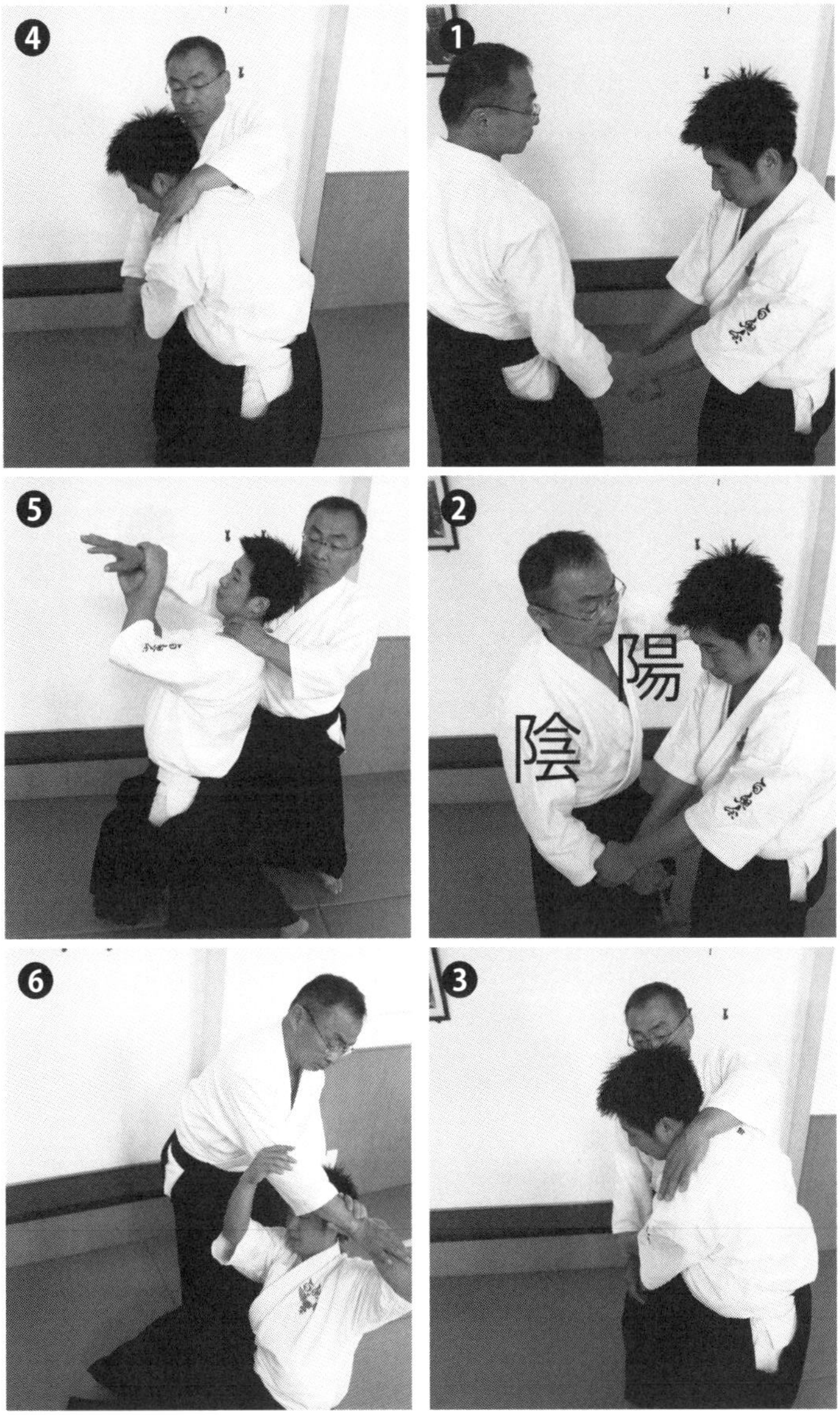

①一教表　陰陽転回

相手の手刀正面打ちを受けたところから（写真1）、右手を〝陽〟の動き、左手を〝陰〟の動きにて両者を連動させることによって相手を崩す（写真2〜4）。相手は自身の力がだんだんと連続的に誘導されていくように崩れていく。相手は「部分部分の動きは大きくないのに、結果としていつのまにか大きく崩されている」ような感覚。

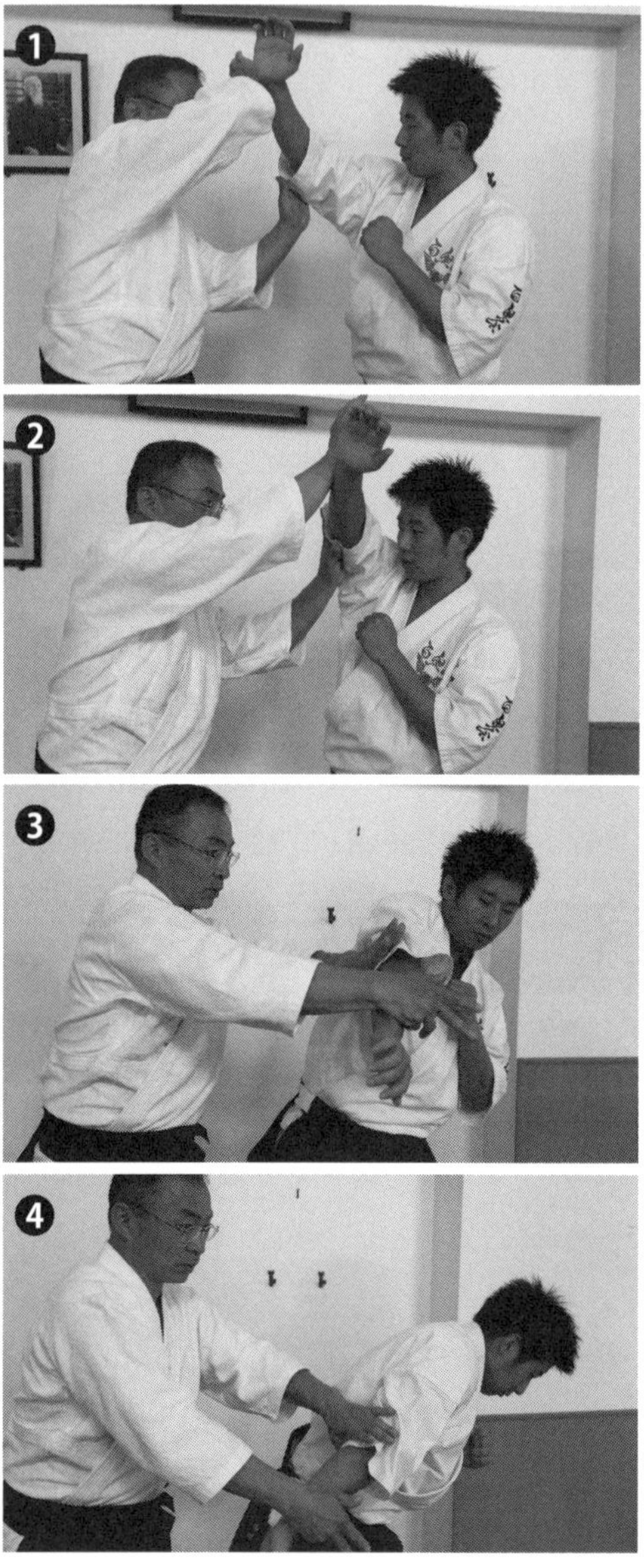

②一教表　陰陽転換

相手の手刀正面打ちを受けたところから（写真1）、相手と接している右手を脱力（陰化）して結び、力をゼロ化させる。体動が均衡している状態から、〝陽〟の左手によって相手の上腕へ〝第3の力〟を加えることによって崩す（写真2〜4）。相手は「予期せぬところから急に力を受け、一気に崩される」感覚。

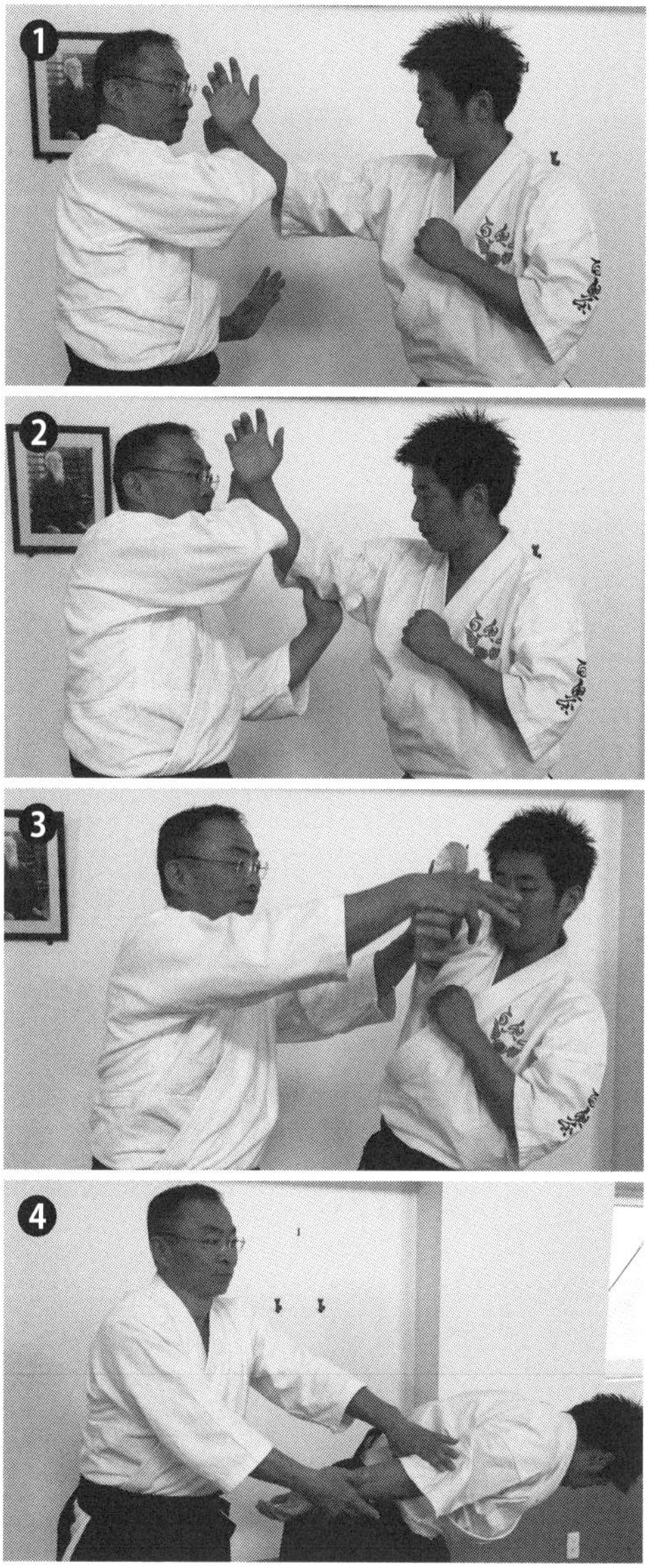

◎小太刀の型（体動の再確認）

徒手による合気道技が続きましたが。ここで再び得物を手にしてみます。

ここからご紹介するのは小太刀の技法です。小太刀は片手で扱うことを前提とした武器です。両手で扱う太刀と徒手との中間的存在と言えるかもしれません。

得物は手の動きを拡大させます。わずかな乱れ、ブレ、滞り、などが如実に顕れるという意味でも、体動のよい稽古となります。

先に「滑らかに、ムラなくスムースな動作を目指す」と記しましたが、動きの拡大される得物動作でそれがかなってきたと感じた時、徒手の動きにおいてはある意味〝より一層〟、真の意味でのスムースな体動が身についてきたように感じられると思います。それは実際、本当の意味で、小手先の調節でない体動が身についてきているのです。

全身を使う、全身を連動させる、などという言葉をよく耳にすると思います。スムースでムラのない動きを実現するにも、また、より大きな力を生み出すためにも、これが実は不可欠なのです。

徒手の技法では、とかく小手先だけをこねくり回すような操作をしてしまいがちです。「陰転」「陽転」などという操作をご説明してきましたが、それを〝ああ、手をこの方向に回すのだ〟〝手をこの方向に捻るのだ〟という感覚が先行してしまうほど、小手先の動作になってしまうのです。それでは合気道においても技とはなりません。

手を内向きに捻る〝陰転〟……と言っても、思っているほどには手先を捻る必要などないのです。そのかわり、全身がその動作に協調している必要があります。つまり部分部分では小さい動作の集合として全体の〝陰転〟をなす、という構造になっているのです。

①衝（陰転からの小手打ち）
②衝（陽転からの小手打ち）
③幻（抜きからの面打ち）
④幻（かわしからの面打ち）
⑤滅（下げはずしからの抑え）

①衝（陰転からの小手打ち）

小太刀を陰転（内回し）させて相手太刀を逸らせ（写真1〜3）、その瞬間に生じた小手の隙に打ち込む（写真4〜6）。小手先だけの動きでなく、全身を用いた〝陰転〟によって初めて相手太刀を逸らすことができる。

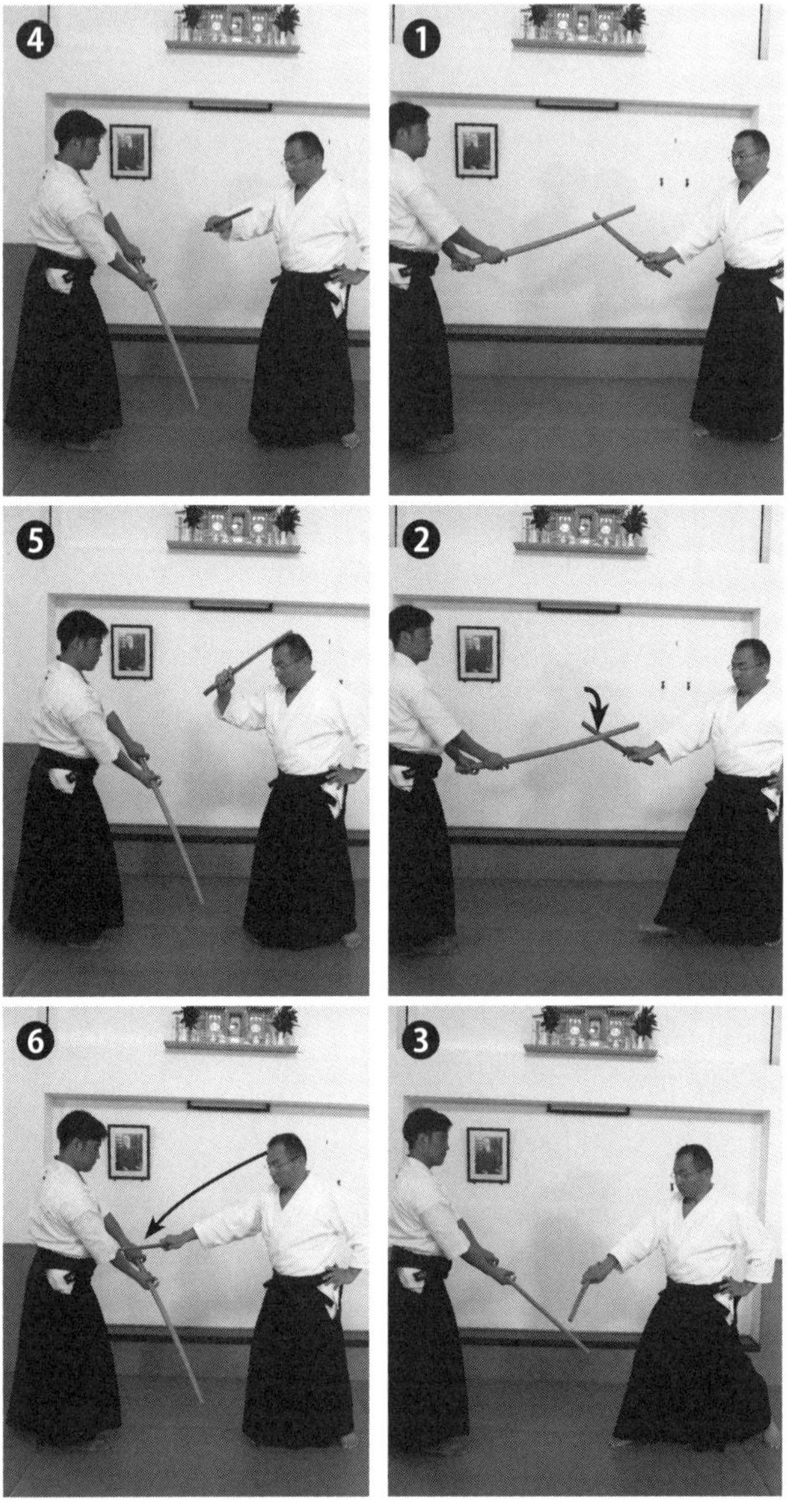

②衝（陽転からの小手打ち）

小太刀を陽転（外回し）させて相手太刀を逸らせ（写真1～3）、その瞬間に生じた小手の隙に打ち込む（写真4～6）。

③幻（抜きからの小手打ち）

相手太刀と結んだ状態から（写真①）、その均衡を維持しつつ一瞬抜いて外す（写真2）。自分が一段上の自由を得た状態から相手小手に打ち込む。これは陰の結びを維持しつつ陽の小手打ち込みを行う〝陰陽転換〟の操作。小手先だけの操作で外そうとしても、その瞬間逆に自分の隙となってしまう。

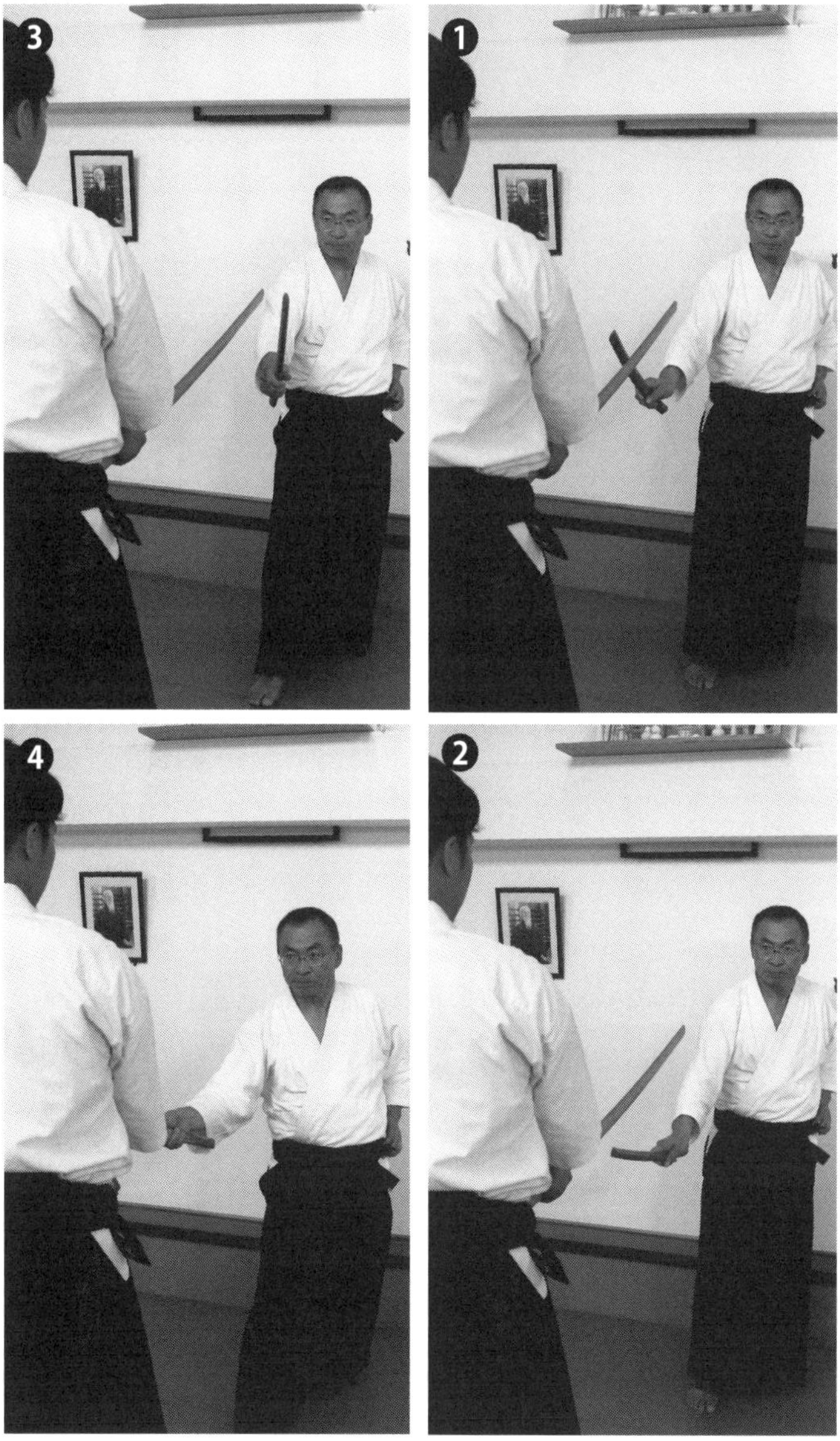

（右ページ写真1〜4の動きを別角度より）

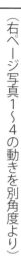

④幻（かわしからの面打ち）

相手太刀と結んだ状態から（写真①）、相手が打ってこようとする瞬間をとらえ、その相手太刀筋上の均衡を保ちつつ体はかわし（写真2〜3）、相手が〝空〟に打ち込んだ瞬間に打ち込む（写真4）。これも〝陰の均衡〟を維持させつつ〝陽〟をもって反撃する〝陰陽転換〟。〝陰の均衡〟を維持させられないと相手は〝空〟に打ち込んできてはくれず、こちらのかわしに反応されてしまう。

（右ページ写真1～3の動きを別角度より）

⑤滅（下げ外しからの抑え）

相手太刀と結んだ状態から（写真①）、結びの均衡を維持させつつ、小太刀を下げて外す（写真1）。瞬間的に結びの均衡は維持されたままなので相手は反応できないまま、間を詰めて相手太刀の中央部をとらえる（写真2〜3）。物理的に優位なポジションを得た上で、それでも上に持ち上げようとしてしまう相手の固着に乗じて踏み込み、相手の手をとらえてしまう（写真4）。これも均衡を維持させつつ外して別サイドの〝陽〟をもって制する〝陰陽転換〟がポイント。「小太刀を外す」ことにとらわれた小手先の動作を行わないこと。この感覚が身につけば、「相手を動かさせないまま瞬時に優位をとるさまざまな武技が可能になってくる。

第3章

私の武道遍歴 達人との出会い

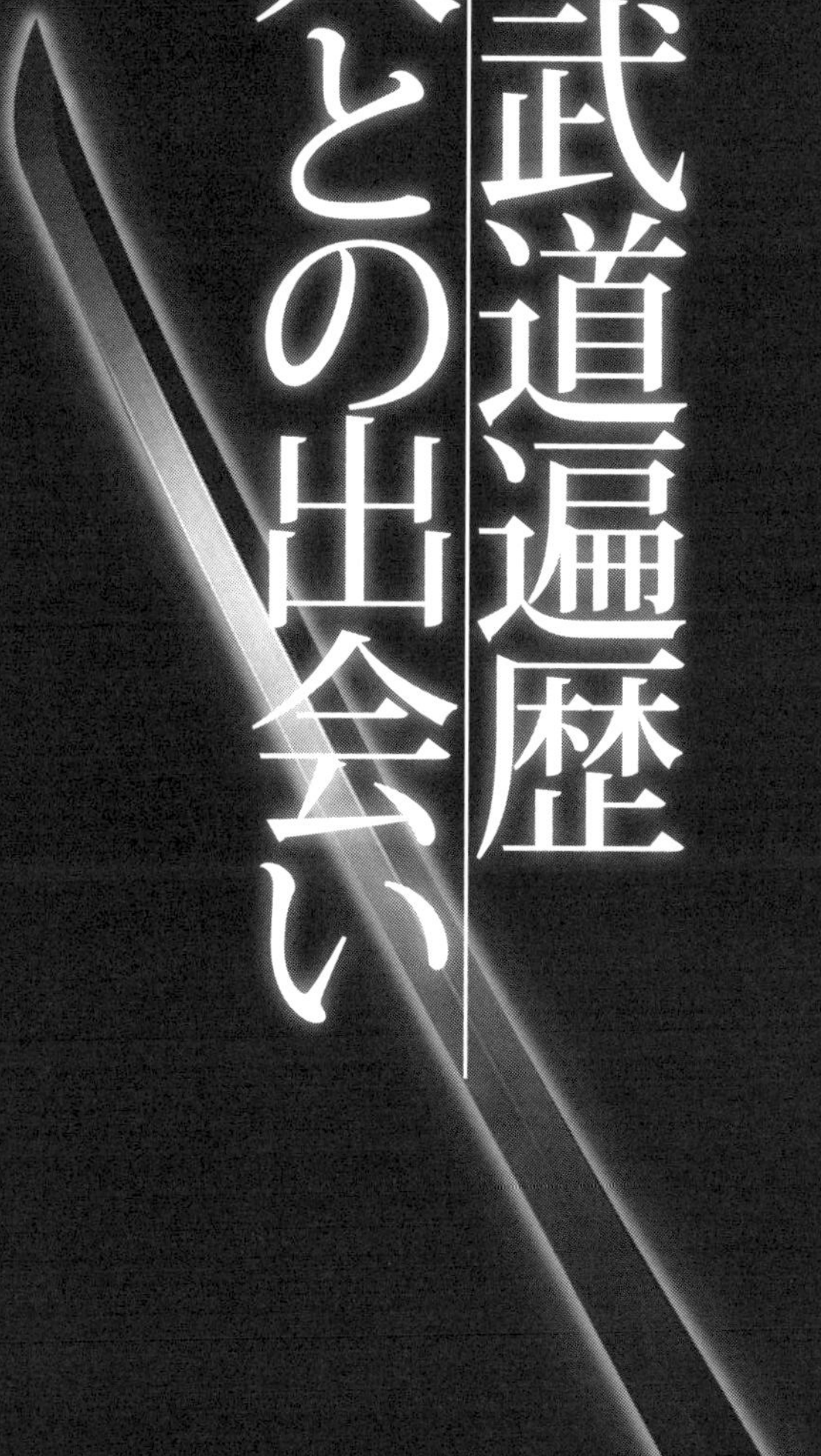

足掛け7年に及ぶ刀工修業を終えて、郷里宮崎県日向市に戻ったのは平成元年初秋でした。鍛刀場を早く作って名刀を打ちたい！満々たる志のほとばしるままに邁進していたころでしたが、実はこのとき、刀鍛冶修業（弟子奉公）とアルバイトに追われほとんどできなかった武道の稽古をようやく再開できるという心躍る思いもあったのです。

1 ❖ 武道の初めは竹刀剣道

私の武道歴は、小学生のころ門川町（日向市の北隣）で剣道を教えていた父の友人、篠塚浩一郎先生に手ほどきを受けたことに始まります。（篠塚先生は大変な愛刀家でもあって、私が刀工修業を始めたのは自分の影響だった、と思ってらしたみたいです。）

中学時代は希望に満ちて剣道部に在籍しましたが、粗暴な先輩（？）の力づくの稽古が嫌で嫌で時々さぼっては制裁を受けていました。九州のド田舎では、暴力が支配する暗黒の時代がまだ続いていたのです。

剣道自体は面白くて大好きでしたが、精神的にも身体的にも人並み以下にひ弱だった12歳の私には辛すぎる日々でした。良く止めなかったと思います。

中学時代は希望に満ちて剣道部に在籍しましたが、粗暴な先輩の力づくの稽古が嫌で嫌で時々さぼっては制裁を受けていました。

イラスト：鈴木ひょっとこ

上級生になっても稽古熱心とは言えなかったと思いますが、多少は身を入れて稽古はしました。どちらにしても運動能力的にはいたって平凡な私ですから、剣道競技者としての大成は望むべくもなく、高校でも続けたけれど補欠ばかりでたまに出た試合でも勝った記憶はありません。ただ、部員は少なかったけれど同学年に県内屈指の好選手を3人も擁していた母校のレベルは高く、県大会で優勝したこともあります。

部内の猛稽古にどうにかついていけるかどうかという体でしたが、この時期に心身共に鍛えられたのは幸いだったと思います。

後年、剣道の優れた指導者にお会いする機会が何度もあって、ああ、私も少年時代にこんな指導を受けていたら多少はましな剣道家になれたかもなと思ったこともありますが、素材が大したことないので結果は知れたものだったでしょうね。本来武道は、非日常的な技を身体に作り込んでゆくので、いわゆるアスリートのような身体の素材はあまり必要ないと思いますが、現代剣道、柔道空手など競技優位ですと他のスポーツとの差異は小さくなるでしょう。

しかし、かつては横行していた勝負に拘泥しすぎゆえの「あてっこ」剣道はほとんど見なくなり、現在の少年剣道、高校剣道のレベルは非常に上がっているように感じます。取りも直さず指導者のレベルが向上したのでしょうね。

2❖居合道に出会い、日本刀に初めて触れる

家業を継ぎ、本格的農業家になるために進学した広島農業短大でも部活として剣道を続けました。このころ誘われて社会人サークルに入り居合（夢想神伝流）も始めました。模擬刀は貧乏学生にとっては高価でしたが、同好の会の世話をしていた先輩が立て替えてくれて、月々2000円ずつ返済していたように記憶しています。若い者をさりげなく助ける大人はとてもカッコよく見えました。

今思い返してもこの上なく下手くそな居合でしたが、剣技の奥深さに気付いたことを思うと、その後の人生を大きく変えた出来事だったことは間違いありません。

剣道も九州とはまた違った剣風に触れて、いくらか落ち着いた稽古ができるようになり、試合でも教員や警察官などのかなりの強敵にも勝てるようになっていました。また、南郷継正氏の「武道の理論」シリーズに痛く感銘を受けて、その影響で空手、合気道など異武道への関心もより強まっていました。

広島県は居合道のレベルも高く、また講習会に誘われて紙本栄一範士など高名な居合道家の教えを受けたのは僥倖だったと思います。

3 ❖ 空手、琉球古武道

農業修業で北海道、広島、山口など一流の農家で実習を積み、ついには派米農業研修に応募して、九州地方講習会に参加した時に今も兄と慕う沖縄の本部流御殿手《もとぶりゅううどぅんてぃ》の使い手　賀数昇さんに出会いました。これは私にとってまさに運命の出会いでした。

鹿児島県は霧島での渡米前講習（その頃は20日間と1週間の2回でした）でもアメリカでの3

か月の学科研修中でも機会があればいつもくっついて、本部流の精妙な動きを学びました。
賀数さんは沖縄宜野湾に生まれ育ち、高校のころから本部流の上原清吉宗家の道場に通い、どの空手とも違う沖縄武士に伝わった御殿手《うどぅんてぃ》を修めていました。私と出会った頃はまだ二十代前半の若さでしたが、その本物の業と力の凄まじさは田舎の中途半端な武道好き青年の想像を絶するものでした。（出会ったときには、私も二十歳そこそこでしたので、賀数先生と呼称すべきなのですが、昔から言いなれた賀数さんで通させていただきます。悪しからずお読みください）
ある日、派米農業研修事前合宿講習の時、就寝までの時間いつものように遊んでいて、ちょっと生意気なことを言った私を賀数さん、胸と腹のあたりをやおら掴むとプロレスよろしく両手でひょいと天井近くまで差し上げました（賀数さんはプロレス好きだったのです。）その時の恐怖は忘れられません。生殺与奪権を完全に握られた気分で、生きた心地がしませんでした。
賀数師の現在の目方は私よりかなり重いと思いますが、そのころはすでに80キロを超えていたわたしよりは軽く、せいぜい74～75キロ位だったと思います。身長はそれほどないけれど筋骨隆々、均整の取れ力感みなぎる中量級格闘家そのものの体躯でした。その体格でもベンチプレスでは１８０キロを上げたこともあるのですが、この桁外れの怪力にして足も手と変わらない猿並みの器用さと柔軟性！　そしてまた本部流御殿手のシンプルかつ神速の技。その辺でちょっと出

生意気なことを言った私をプロレスよろしく両手でひょいと天井近くまで差し上げた！その時の恐怖は忘れられない。

イラスト：鈴木ひょっとこ

会えるような方ではないのです。（私の自分の技に対する自信のなさは、若いころから現在まで絶対に敵わない賀数氏の存在が大きいのかもしれません。）

世の中には努力で乗り越えられないことは多いけれど、本部流御殿手の技法は、かなり恵まれた素質の持ち主の尋常ならざる鍛錬がないと身につけられないものでないかと思っています。

本部流御殿手の上原清吉宗家の技は一度だけ、岡山で開催された古武道大会で見たことがあります。高弟たちがヌンチャクや鎌、棒などで打ちかかろうとする寸前にスイスイと裏を取るまさに入神の技でした。当時は狐につままれたように感じましたが、荘厳雄大な氣で圧倒し対手に何もさせなかったのだろうなーと、多少はわかるようになった今は考えています。なにしろあの賀数さんが何年たっても70歳代の上原老師に、投げ飛ばされ極め上げられて全く歯が立たなかったというのですから、お話になりません。世の中には恐ろしい人もいたものです。

賀数さんたちは毎日直接上原先生から4時間はみっちり稽古をつけられ、その後1時間訓話を話してくださっていたそうです。戦前、10歳か11歳の頃、本部朝勇宗師に見いだされ弟子入りした時の逸話や、日に3度数時間にも及ぶ厳しい稽古に明け暮れた修業時代の話、数多くの道歌など如是我聞として物語ってくれたので、お会いしたことはないけれどとても親しい心情を抱いています。

戦時中の山刀を携えた現地ゲリラとの暗中の死闘（斬り合い）など、強烈な経験を経ているからか、古流の形を後生大事に伝えている古武術家とは全く違って、その頃も弟子を相手に実効性のある技法を追求していたと賀数さんは感じていたようです。

閑話休題、上原宗家の華麗な入り身、強烈な逆技などは八光流を学んだ、というような記事をネットでみました。どういういきさつだったのかわかりませんが、ほんの少しだけ本部流の足さばき、運足と型を教わった限りでは、日本の古武道とは全く違うと思います。また本部流御殿手は王朝に使える武士の武術だったので、二刀を使った剣技や一刀を両手で使う技もあるようですが、少し見せてもらった業は、日本の剣術とはコンセプトが大きく違うと思います。

取手《といてぃ》と言われる投げ技、極め技も、琉球舞踊とよく似た動きで、ヤマトの柔術とは程遠いものだと思います。独特の運足を特に徹底的に稽古し、恐るべき神足を身につけた後にやっとすべての動きが習得できるもののようですから、日本の古流柔術の動きもあっという間に消化されたのかもしれませんね。

このアプローチは、根本になる技（私の場合は陰陽転回と転回）を徹底的に習得する私たちの稽古法の原点なのです。

私が聞いた本部流御殿手の道歌を二首、記しておきます。

「荒場《あらば》岩肌《いわはだ》に生《い》ちゅる松《まち》やてん　耐《た》え忍《しの》で　後《あと》ど緑咲《みどりさく》ちゅを」

「磨《みが》き行《ゆ》く枝《えだ》に雲《くもん》晴《は》れて　月《つき》ん光《ひかり》はなちい」

研修中に出会った武道仲間で、同じく賀数さんの弟分になった藤澤祐治は現在、大分で剛柔流樹道館道場を運営しています。彼とは防具を付けて剣道対空手で異種試合をしたり、剛柔流を習ったり、なかなか面白い経験をしました。後に大分県代表で国体にも出場した組手選手で、当時の回し蹴りは実に華麗でした。

本部流の技との対比が知らず知らずできて、貴重な時間だったようです。藤澤裕治の指導力の評価は高く、多くの実力ある組手選手を育成しています。

4 ❖ 抜刀術、中国拳法、合気道（？）

20代前半で刀匠修業を始めた小林康宏師のもとには様々な武道家が集い、その中の幾人かには教えを受けました。特に空手合気道居合抜刀術をはじめ様々な武芸に通じ独自のスタイルを築いていた東郷秀信先生には古武術や中国拳法、試し斬りの面白さをみっちり指導していただきました。多彩な武術を学び、刀造りと絡み合った毎日は新鮮で充実した楽しい日々でした。前述の事情から東京を去ることになったときに、東郷先生には心ならずも不義理を余儀なくされ、今も忸怩たる思いを禁じえません。

東郷先生の道場（斬心塾）では、古武術や合気の精妙で不思議な感覚に初めて触れることができ、猛烈な興味を覚えました。

その後移った岡山でも習ってみたいと思う古武道がありましたが、果たせず、途中岡山市で玄制流合気道（？名前はうろ覚えです）にしばらく通いました。今思えば大東流系の技だったような気がします。

独立開業のために戻った日向には現代武道しかないことは分かっていたので再び剣道を始めようか迷っていました。その頃には剣術は真剣を使って、斬ってみてこそ本物になると思っていましたから、剣道に物足りなさを感じていたのです。

そんな折に偶然目にした「合氣とは愛」と書かれた万生館合気道日向道場の立派な看板に惹かれ入門し、人生の大目標合気道と生涯の師、砂泊諴秀先生と出会うこととなったのです。入門前は合気会の一般的な合気道だとばかり思っていました。

5 ❖ 直心影流　秋吉博光宗家

秋吉先生との出会いは平成3年か4年だったか、8月初旬のある朝電話があり、「あんたは斬れる刀は作るとね?」はい、作ります。私も試し斬りはときどきやりますし。と私。「ほんなら行ってみようかね。」

その日のことは、いまもありありと覚えています。天気の良い暑い日でした。話しぶりから試し斬りをもっぱらにする抜刀術の人かな、と思って、竹とマキワラ(畳表)を数本準備して待っていました。

すぐにも出かけそうな話しぶりだったのになかなか来ません。もう日も傾きかけたころ年季の入ったセダンが入ってきました。降り立ったのは初老の、胡麻塩頭、開襟シャツにゴムぞうりを無造作につっかけ、どこをどう見ても名のある武道家には見えなかった、直心影流15代宗家秋吉博光先生その人でした。

私が普段試し斬り稽古で使っている刀（鍛え疵が出て、先を削って姿が壊れたので仕方なく練習で使っていたものです。）を差し出したところ、マキワラには目もくれず「ふん、竹を斬っておるようじゃからちっとは自信があるんじゃろうか」と口辺に薄笑いを浮かべ、まだ若く血の気の多かった私のプライドを大きく刺激しました。

なんだこの爺ぃ、私は腕自慢の勢いに任せ抜刀術で培った手練の技でずぱっと竹を両断して見せますと、「ああ、そんな斬り方じゃあ刀を傷めるやろうが、やめなさい。」とやおら刀を取ると、前述の通り、ぽんぽんぽんとほとんど振りかぶりもせず、包丁でチクワかなんぞ切るように5寸ほどに刻んで「ふん、まあまあかな、こんな細い竹じゃどんだけ仕事するかわからんな、太い竹はないんかね？」

繰り返しになりますが、その時、私は確かにこの目で見たものの信じられず茫然自失…。私の剣術観が全く崩れ去った瞬間でした。

私の鍛錬場の周りは竹山ですからいくらでもどんなサイズの竹でもあります。3寸から4寸径（10センチ前後）太竹を切出してくるとあっという間に切り刻んで「うん、まあまあじゃな、これもらお」いえ、それは売り物ではありません。先が細すぎて姿が変ですよ。「刀は刃物じゃから斬れればいいんじゃ」と意に介さず飯塚まで帰って行かれました。（その頃は高速道路がなかったので福岡県の筑豊地方から一般道を5時間かけて訪ねてくださっていたのです）

イラスト：鈴木ひょっとこ

何度思い返してもその衝撃はすさまじく、万生館合気道がなかったら間違いなく直弟子になっていたでしょう。これは前に書きましたね。

その時から私は疵の出た刀や刃切れた刀をざっと研ぎつけて竹林に入り、秋吉直心影流の剣技を自習しました。「影流は足で斬る」とか手首の使い方とか、ちょっとだけ教えてもらっては斬って自得する日々。一日はまれば１００、２００本は斬れますから、毎年2千本や3千本は斬ったと思います。私の竹林はまるで昔のベトコンの落とし穴のように鋭い竹の切株だらけで、うっかり転ぼうものなら大ケガは免れない危険地帯と化していました。（ベトコンと言っても今の若い方々にはピンとこないでしょうねー。フランスの植民地だったベトナムが、共産化しそうになり（国境を接した中国の影響などで）アメリカ軍が介入し南北に分裂した内戦（ベトナム戦争）時に、主に反政府ゲリラとして戦ったとされる集団への呼称で、越州共産（ベトナムコンサム）の略らしいです。日本軍に倣ったとされるゲリラ戦法で米軍を大いに苦しめました。）

あれから20年以上、いったい何本斬ったやら…。無慮数万本の竹を斬っていますね。

現在80歳をいくらか超えているはずなのに昔と変わらない鮮やかな手並みでパカパカと太竹を刻む秋吉先生ですが、今も時折、「斬れる刀ができとりゃせんね」と訪ねてくださいます。

２０１７年4月の日向合宿で、直心影流の手の内を初めて教えていただいたおかげで、また私の合気道に格段の進歩をもたらす、陰陽転換のアイディアを思いつきました。当然、私の剣の技は秋吉影流の大きな影響下にありますが、合気道に結び付けているがゆえに、どうしても違いがあるようです。もちろん、秋吉先生の技の全てを教わったわけでもなく、また教わったこともすべて正しくわがものとしているとも思えません。それでも、多く貴重な技を伝授してくださったのに、きちんと新陰流を継承していると言えないのは先生には申し訳ない思いもあります。

しかし、人類史上唯一の、愛を以て「武」を生きたまま霊界に至る業《ぎょう》として構築した合気道修業は、人類の救いとなる身体思想だと思います。秋吉先生に伝えられた直心影流剣術にも武産合《たけむすあい》気《き》、霊肉一致の至上境へ至るための大きなヒントを見つけたのですが、私の活動の目的は地上天国を創ることという開祖の壮大な武の思想に共鳴してのことですから、直心影流を後世に伝えて行く仕事は私の任ではないのです。

もっとも私ごときが気に病むことは無意味なことなのでしょう。正統な継承者がきちんとした先生の技を伝えているはずですから。

秋吉先生に教えていただいたおかげで、いわゆる竹刀剣道の見方も大きく変わりました。

昔、中山博道が剣道と居合は車の両輪であると言ったとか。そんなことはない、と私は考えています。

　居合の剣技と剣術のそれはコンセプトが大きく違います。現代剣道の竹刀のように使っても日本刀は十分使えます。抜き差しさえ覚えれば剣道家がいわゆる居合を習得する必要はないのではないでしょうか。剣道家にはそれにふさわしい居合術があるのではないかな、と思っています。もちろん、全日本剣道連盟の制定居合の形やそこに属する居合道各派が立派な武道であることは論をまちません。しかし現代剣道の剣の使い方と違う方向にあると思うのです。

　江戸時代、一世を風靡し高名な達人を輩出した直心影流は、防具を着用し、打ち合う稽古に全く全く違和感なく入って行けます。幕末に名を轟かせた男谷精一郎、島田寅之助など様々な逸話が伝わっていますので、興味を持たれた方は調べてみてください。勝海舟や榎本武揚などもこの剣を学んでいます。

　自分のために反りの浅いバランスの良い刀を打ちたいと考えていますが、残念ながらなかなか忙しくて、自分用の刀身を鍛える時間がありません。

6 ❖ 新体道、剣武天真流　創始者　青木宏之先生

砂泊誠秀師範の合気道を修業することでまさに革命的に進化できたことは間違いありません。脱力して結ぶ、万生館呼吸力に、直心影流の体軸の運用、水平移動垂直に刀を使うそもそも腕力を必要としない動きを一生懸命稽古していました。

しかしそもそも体軸がよくわかっていなかったのです。

ある日、下手なゴルフに興じていると電話がかかってきました。作刀依頼だったのでいろいろ聞いて行きました。名前、メールアドレス…rakuten 云々…あれっ？この方はひょっとして伝説の武道家、青木宏之ではないか…？とピンときて思い切ってうかがうと、大正解！ご本人でした。今のIT企業「楽天」が影も形もなかったころ、楽天といえば青木宏之先生が主催し超絶猛稽古で知られていた武道研究会、「楽天会」のことでした。40年ほど前から、氣を操る不世出の達人としてその名を轟かせていた先生のことは私も存じ上げていたのです。

「齢70歳を超えて、武道界への恩返しのために居合の新しい流派を作り上げようと志した。それのために刀が必要だ。打ってくれまいか」という内容だったと思います。

今まで出会った超一流の武道家、（全日本クラスの剣道範士や柔道の金メダリストなども含まれます）はおしなべて物腰が柔らかく上からものを言うような方はいませんでした。中途半端な実力の人に権柄尽くのパワハラオヤジが多いような気がしますね。

その中にあっても青木宏之先生はユーモアに富んでいて茶目っ気があり、柔らかい笑顔で人懐こく話しかけられると初対面の人でも10年来の知己のような気分にさせてしまう、まさに愛気の達人です。

刀鍛冶になってよかった、と思うことは多いのですが、生ける伝説青木宏之師と親しく交わらせていただけるようになったことは、人生の大幸運だったと、守護霊、守護神、氏神、ご先祖、そのほかお世話になった方々に感謝しきれない思いがいたします。

ある日東京西荻窪の沖縄料理屋でごちそうになっていた時の事、先生やおら「マツバさんね、あんたは軸が全然だめだよ！　あなたがプロだから言うけど、それじゃあだめだよ！　今度教えてあげる。」よっぱらった私。先生、今度なんて言わず今教えてください！　で、大勢の酔客がいる板間に立った私に、正しい体軸を教えてくれました。5分ほどでしょうか、それで私の世界はまた一変しました。

宿に帰る電車の中、大きな旅行鞄と真剣を収めた刀袋を提げてなお揺れる電車で立っていられる自分に言い知れぬ満足を覚えたのでした。

新体道に練気組手という稽古法があります。正座で相対し両手でつかんで前方に押しやるもので、万生館での呼吸力稽古に通じるものがあります。ということは呼吸力を20年稽古した私は相当強力なはずなのですが、青木先生には全く歯が立ちません。文字通り体ごと吹っ飛ばされてしまいます。私はこの35年で何千人という人の手を取って稽古してきました。砂泊館長の神技をはじめ、記憶に残る強い先輩方もおられました。しかし青木宏之師の手は誰とも違う、ただ柔らかいのでない、筋力はもとより感じないけれど摩訶不思議な強大なパワーで吹っ飛ばされるのです。万生館合気道の呼吸力は、素直な心で稽古してゆけば、多くの人が身につけられる力だと思いますが、青木先生のそれは常人にはまねできないのではないか、とさえ思います。

そもそも目で見えぬものは信じない、どちらかといえば不信心者の私が気の世界にどっぷりはまったのは青木先生に導かれてのことです。

ある日新宿で、稽古を終えた私たちが気の話をしていました。会員の一人、バイオリニスト古澤巌さんもまた目に見えぬものをあまり信じられない方で、その場でいろいろ質問されていました。私には答えられません。そこですでに親しくなっていた青木先生に電話を掛けて聞いてみました。青木宏之こそ日本における「気」の草分けですから。

「えー?・マツバさんどこにいるの?・新宿?・3丁目?・私も近くにいるからそっちに行くよ。」

伝説の大武道家なのになんとも気さくな青木先生。ほどなくして現れコーヒーを片手にいろいろな話をしてくださいました。にわかには信じがたい先生のお話。古澤さんがぶしつけな質問をしました。「気って本当にあるんですか？」気の第一人者、新体道の宗家にむかって何てことを聞くんだ！わたしは青木宏之師の超絶な力を知っていましたから肝をつぶして表情を窺うと先生、真顔になって「気はありますよ、ちょっと見せてあげましょうか。」居住まいを正し印を結び半眼となってなにやら口の中でつぶやき始めました。

場所は大勢の人で賑わう大きなカフェ、100人以上は入っていたと思います。数十秒ほどするとがやがや騒がしかった周囲がすーと静かになってきました。顔を見合わせる私たち。「もう少し静かにしましょうか」また印を結び半眼となってごにょごにょ…。

もはや周囲からはほとんど話し声が聞こえません。信じられない静けさが新宿のど真ん中に出現し私たちには驚きと戸惑いと、少し恐怖も覚えていました。青木先生はにっこり笑うと「全く静寂にすることも出来ますが、営業妨害になっちゃうからねー。もどしますね。」また、ごにょごにょ。話し声が再びおこります。「完全に戻しますね」また同様に…すると元の喧騒に戻っていました。

同席していたチェリストの大藤さんとは時々、この不思議すぎる体験を話しますが、今も狐につままれた心持がします。自分の見たものが幻であったような。

この世は知覚できない力に満ちている！と痛感させられました。気というか、超感応力とでもいうべき尋常ならざる能力だと思います。この力はたぶん、いや確信的に私には今世では獲得できないと思います。

青木先生は新たな境地を開かれたそうで、２０１８年に訪問していただいた折、鍛錬場にゴザを敷いて練氣組み手を何種類かかけてくださいました。もともと歯が立たなかったのにさらにつかみどころなく、移流霧が谷谷を覆うような、底なしの沼に足を取られるような無力感にとらわれ圧倒されてしまいました。

謎の気技、いつかは解いて自分もその域に行きたいとは思いますが、これもやはり頭で考えて出来るようなものではありません。倦まず弛まず、自分の稽古を推し進めて行けば、いずれ天啓が訪れ、不意にできるようになるかもしれない、とかすかな希望を持って、先生の天真思想をなぞっています。

青木先生の創出された「剣武天真流」は居合の姿は纏っているけれど、新体道で練り上げられた身体をもってしないととても抜けない、繊細かつ強靭な内容で、私などとてもついて行けません。(30年前だったら何とかなったかもしれません)

正直申しますと青木先生の剣武天真流演武形を初めて見た時は、刀を使っているというより刀状の道具を使う新体道の演武に見えて、先生のやりたいことがサッパリ理解できなかったのです。

ところが数年を経て、高弟の皆さんが青木先生の指導の下育ってきて初めて、青木宏之が目指した剣の世界をまざまざとみることができるようになりました。

あまりに高い山の頂ははっきり見えないものだな、と実感したものです。

私が陰陽直心剣居合の着想を得たのは、剣武天真流の地球を覆う大気のように一時も止まらない動きからでもあります。心と体を解放し、天真にゆだねる美しい剣武天真流は、不世出の武人青木宏之の集大成としてまさに珠玉の輝きを放っています。

7 ❖ 矢山式気功　ドクターヤヤマこと矢山利彦医師

気の摩訶不思議な力をまた強烈に教えてくれたのが、矢山クリニック院長、矢山先生でした。空手6段、合気道を始めてまだ数年ですが矢山式気功の創始者だけあって実力4、5段は軽く凌駕しているでしょう。(3段は認可済です)
「人は物質であるようだが、実はエネルギー体である」
私は日本刀の美しさに魅せられて刀鍛冶になったのですが、それだけでは到底説明できない、不可思議な世界へいざない、導いてくれる力が日本刀には備わっているのです。それを全く門外漢の矢山利彦先生に教えていただいたのですが、日本刀の切っ先から陽炎のように立ち上る気流を見る「コツ」を教えていただいてからこの世界を見る目が本当に一変しました。

矢山先生は、人間の能力（自己治癒力）をとことん追求する中で、気に注目し研究、鍼、漢方薬を極めつくしておられます。さらに日本を縦断するホロトロピック医学会を主宰し、人間の病気とは何か真摯に向き合って、もともと外科医なのにメスはおろか聴診器すら捨て去った不思議な治療で多くの方々を救っています。さらに空海を徹底的に学び書を含めその脳力に迫ろうとしています。

武道は剣道、剛柔流空手では九州大学の主将を務め、芦原空手、フランスの時津先生には自成道も教わり、本当は武道家になりたかったと酒の席ではおっしゃってます。（時津賢児先生も大変ユニークな空手家です。私はあまりよくは存じませんが、数年前に、矢山クリニックでお見かけした時には、人間、どう鍛えればあんな体になるのだろう、と目を見張ったことをよく覚えています。小柄だけれど、知性的で端正なお顔立ちなのに、圧倒的な肉体、特に足の指やふくらはぎが松の根っこに見えるほどの異様な発達が不思議な印象を与えていました。）

こうしてみると、何度か生まれ変わるような、鮮烈な体験、教えを受けたのだなーと今更ながらですがありがたさをかみしめています。

いま目にし、感じる世界は、私程度の力で見ることのできる世界ではありません。積極的に死にたくはありませんし、死への恐れも十分に感じているのですが、時にはあの世を見ることが楽しみに感じることもあるのです。悟りとは縁遠い私だけれど、剣と武に生きてきたゆえのことでしょうか。

そもそも開祖は知らず、砂泊先生や青木先生のようなアプローチをしてゆけば、武道稽古は喜びに満ちて、愉快極まりない人生をもたらしてくれることは間違いありません。

あれほどの達人になることはかなわなくても、自分の人生を極めつくすことは楽しいですよ。

この拙書が、そのきっかけとなったならば、私たちにとってこの上ない喜びであります。合気道開祖植芝盛平翁が説いた「地上天国」とは、うきうき楽しく生きている人間がそこいら中に満ち満ちている世の中のことだと私は思うのです。

8 ❖ 日本刀を持って、大和魂を取り戻そう！

我が国の現代刀匠は現在３００人程度でしょうか。実数は完全には把握できていないようです。

全日本刀匠会に加わっているものが２００名足らず、この数が多いのか少ないのかは判断の分かれるところです。

刀鍛冶はほぼ自己中、お山の大将的、小児的思考を有する世間的にみれば変人と言われる人が少なくないのかな、と思っています。私も他の刀鍛冶を誹謗することにかけては人後に落ちず、毒舌をまき散らしていた残念な過去があります。

それはしかし、私は刀鍛冶の中でも相当な刀好きで、刀剣美に酔う愛刀家ですから（自分の作品も含めて）古作に遠く及ばないのに「偉そうなこと言ってんじゃねー」という義憤にも似たものだったのです。

ここには小林康宏師の影響は否めません。

しかし、この30年で時代は大きく転換、現代刀匠の打ち出す刀剣美は著しい進展を見せ、心からの称賛を送りたくなる作品も増えました。

美を競う、とは目から受け取った精神のゆらぎ、感動によるものですから、「ああ、負けた、敵わない」と思えた瞬間、くやしさ、残念さ、嫉妬心が消滅するほどの幸福感に包まれるものです。展覧会での序列を競うのには、様々な思惑が入り乱れ、純粋に美を競っているとはなかなか思えませんが、スポーツのコンペティションとは、ずいぶん違うものだと思います。

私は、日本刀が武器であることに全く疑いを持っていません。しかし、剣を取って戦う、ということの意味を深く追求し、問うてきました。

美こそ、敢えて言うなら日本刀の美こそ、人間が人間らしく生きるために戦うに武器となる。と、確信しています。繰り返し述べてちょっとしつこいですかね。なにしろこれこそが、愛の気を以て戦う、人類最高の武道、合気道と完全に重なるところだと確信しているものですから。

武道の愛も、日本刀の美も非常に難しく、はかなく、十分な理解に至らないと大きな誤謬に陥ってしまうものですから、かなりやっかいです。しかし、たぶんそのことが私が存在している、あるいは生まれてきた意味なのだろうと思います。

大周天杖術剣技を以て身体を練氣し、その体を以て剣技を練り、剣技を以て合氣を練る。願わくば身体に合わせた美しい刀をあつらえ、その沸の輝きに心をゆだねて瞑想する。

そんな武道、なかんずく合気道の形を提案して行きたいのです。

後 記

この本は一昨年（２０１９年）にほとんど完成していました。しかし翌２０２０年、突然の新型コロナウイルスのパンデミックによって世の中は一変し、この本の内容を一新する必要を感じたのです。

そしてまた、２０２０年夏までに、大きく改変したこの本がようやく出来上がったのですが、自分で読み返しても、何か違う、物足りないだけではなく大事な見落としがある、と感じていました。何か足りない。そもそも私のこの程度の合気道を残す価値があるのだろうか？

それはコロナ禍での日常の稽古の休止で気がそがれたこともあったのですが、自分の気の力の成長や稽古の方向性の正しさを検証していた海外での合気道稽古を開催できなかったこともあったのかもしれません。

一人稽古で培う技も、結局は対人稽古で検証しなくてはただの自己満足に終わってしまう危険性があります。一人稽古の方が身に付く気技があるけれど、対人稽古で練らなくてはわかり得ない（難い）合気もあるのです。

特に私の開催する海外での合気道や剣術のセミナーでは、様々な人種の、合気道本流はもちろん、合気道他流派、他武道、実戦フェンシングやマーシャルアーツの練達者や、その指導者クラスの方々が参加してきます。彼らには遠慮も忖度もないので本気で向かい合える稽古です。大男に遠慮なく全力で掴ませ、突かせて技の実効性を確認しますから、この本で述べている新しい稽古法の方向性の正しさを確信するために必要不可欠な場となるはずでした。（むろん試合やスパーリングではありません。格闘的力ではとてもかなわないような大男がほとんどですから、実際に戦ったら私ごときでは勝ち目はないでしょう。）

２０２０年にヨーロッパ、アメリカで計画していた4回の武道セミナーはむろん中止になり、この稽古法の有効性を確認する大切な機会が失われたのでした。それに加え、もともと自己評価の高くない私ですが、たまたま刀を知ってる、くらいのことでイキがり過ぎてるのではないか。日ごろ「オレほど刀を知っている武道家はいない」と口にし、自慢にしているけれど、日本刀の広大無辺な世界からみれば、私が知っているのはほんの一部分に過ぎないではないかと、外出自粛で他との交わりが希薄になった日々の中で自省していたのです。何しろ日本刀の製作は本当に難しく、そのころ何かかみ合わず失敗が続き、何十年も刀鍛冶やっているのにこのざまはなんだ、と自信喪失気味でしたから。

そんな折、今度は、思ってもみなかった奇病（？）に侵されたのです。それはもう、凄まじい程の激痛で、はじめの数週間はほとんど眠れず記憶が飛んで、切れ切れにしか覚えていません。この後の治療の日々は、自身の合気道観、人生観に決定的な影響があったと思います。

私の病気の症状は、両下肢、ひざから下が腫れあがり三日三晩ほとんど一睡もできないほどの強烈な痛みを伴った病でした。もともと痛風も持っており発作の時には、痛みで歩けなくなったりと何十年も悩まされてきていたので、今回、起きてしまった発作もひどかったけれど、数日で治まると思い込んでいました。しかし、今度は何か事情が違ってたのです。

その頃私は縁あって日本鍼石坂流の鍼師、大分佐伯の松田師のところに週一のペースで治療に通っていました。この鍼はいままで、聞いたこともないユニークなもので、経絡、ツボとはほとんど関係なく、硬結と呼ばれる身中のこわばりのようなものに、鍼を打ち立て治療して行きます。長年の持病と決別できるかもしれない、と一縷の希望を持ったので通っていたのです。実際なんだか調子が良くなったような気がしていました。

日向市の自宅から佐伯の松田鍼灸院まで、往復と治療の時間を入れると4時間ほどかかり、負担は大きかったのですが、前進しているという希望は力になります。

たまたま2020年12月21日思いがけない事故にあってしまい（某所のマンホールがトラップ

に。片足を載せたらそのまま裏返って私は穴に落ちました）左腰を強打ししばらくまともに歩けませんでした。

松田氏に連絡すると「集中的に鍼を打つと怪我はすぐ治ります」と言われ翌日、翌々日と打ってもらいました。確かに腰の打ち身はみるみる腫れも引き痛みも消えて行きました。が、そこから地獄の日々が始まったのです。

まずは左ひざ、足首が腫れあがりその激痛にこれは重度の痛風発作!?　やばいことになった、と直感しました。

松田師に相談すると、近くのビジネスホテルに宿をとって一日二回鍼を打てば早く進む（身体の状態のことです。早く進んで悪いものを出し早く良い状態にステップアップしてゆく、というのが石坂流の考え方のようです。）というのです。わたしは従うことにしました。仕事の予定が詰まっていたので早く解放されたかったのです。しかし痛みはますますひどくなり、両膝共に腫れあがって、数ミリ動かしただけで激痛が脳天を突き抜けます。寝不足でうとうとしてもすぐに激痛に襲われまともに眠れません。膝を動かすことなく姿勢を変えることはほんの少しであっても不可能なことを思い知りました。つまり身動きするたびに激痛。結局三日三晩、猛烈な痛みにさいなまされほとんど眠れませんでした。（後日病院で計ったＣＲＰという血液中の炎症反応の値が23・8で、痛かったでしょうと病院関係者に同情されましたが、その時は痛み止めを飲んだ後だったので、かなりマシでしたから、一番痛かったときはもっと高かったかもしれません。ちなみに通常は0・3以下だそうです。）

松田師「何十年も痛みを消炎鎮痛剤でごまかし続けてきたつけがこれです。」「痛みはいつ治りますか？」「わかりません！」生体エネルギーのレベルを上げることで病気に打ち克つ、この鍼治療は間違いなく正しい。それを確信しつつも私はもう限界でした。

実際、何十年にもわたって、足、膝などに炎症発作が起こるたびに、主にボルタレンの座薬や飲み薬を使い、治まると稽古や仕事に邁進していたのでした。その効き目はだんだん悪くなり服用する薬の量はかなり増えていました。

日本鍼での治療をあきらめ、しかし西洋医学の対症療法では結局同じことの繰り返しだからと、佐賀の矢山先生に連絡を取りＹＨＣ矢山クリニックに入院しての治療をお願いしたのです。

外科医にして著名な気の研究家でもある矢山先生の治療は非常に独特で、独自に開発したゼロサーチという装置を使い、根本原因を推定し副作用の少ない漢方薬を中心に治療しますが、時には抗生剤なども使い、私は全幅の信頼を置いています。

鎮痛剤（ボルタレン）を処方の倍くらい服用し佐賀まで運んでもらいベッドに横たわったので

すが、クリニックには毎月、合気道の指導に訪れているのでスタッフのほとんどは顔見知り、合気道の会員もいます。

変わり果てた姿を見られるのは少し心苦しかったけれど、もう本当に追い詰められていたので開き直って身を委ねました。痛みで眠れない夜に少し鎮痛剤を服用するくらいで、矢山先生の、病気の根本原因を取り除く治療にすがったのです。

しかし病は思いのほか重く、一つ原因を除いても症状はほとんど改善せず、ようやく自力で車いすに乗れるようになったのも一週間後くらいでした。(トイレに移動できます)

少し落ち着いたころ、矢山先生に石坂流日本鍼についてどう思うか伺ったところ、「昔の武芸者が弟子に苛酷な稽古をつけ、それに耐え抜いた者だけに免許皆伝をあたえる、みたいな治療ですね」と言われました。全く否定的ではなく、この方は本質を見抜く力が並外れている、と感心しました。

私が痛みに苦しんでいると「オキストシン(脳内ホルモン、幸福ホルモンと言われています)を溢れさす念力で、痛みのノルアドレナリン(同じく脳内ホルモン、痛みの信号を伝達している)を消してください。」これは気功の治療方法です。

そこで私は得意の剣術の構えを想像の中で取って立ち上る黒い影を斬り捨てました。今までも実際真剣を使ってしていましたし、私が剣を構えたつもりになるだけで、つよい気流は起こせるのです。これは刀気功、刀ヒーリングとでもいうものでしょうか。試してみるとしかし効果はほんの一瞬、すぐまた耐えがたい痛みが湧き出てきます。

これはこの痛みの治療には使えない。私はまた、絶望的な気分に飲み込まれそうでした。矢山先生に訴えると、「斬ってはだめですよ。消えるように念じてください」と。

そこで私は想像の刀を、赤く昇る朝日に照らし、沸《にえ》とよばれる刀身を輝かせる粒子の一粒一粒が、あたかも純金や宝石の粉のように宙に浮き霧状にまとまって、痛み物質の黒い影と交わり風を伴ってどこかへ消えてゆく、という念を発してみました。

するとあら不思議、しばらくは痛みを忘れることができるようになります。これは何とかなるかもしれない。わたしは少し希望を持ちました。しかし次から次へと沸き上がり、場所を変えまた複数個所に沸き起こる猛烈な痛みには念力だけでは抗するのは不可能でした。気力も削がれ、疲労して行くのです。

自分の中途半端な気の力に心底失望しつつ、眠るために少量の痛み止めを服用する入院生活。苦しいものでした。

矢山先生もなかなか改善しない私の症状に懸命に取り組んでいただきました。私如きのために申し訳ない気持ちでしたが本当にありがたく、今も感謝の気持ちでいっぱいです。そして入院生活が3週目に入ったころ、ついに先生が私の生活習慣から原因を推理し突き止め、かなり効果的な治療を施せるようになったのです。それから数日で劇的な改善が見られました。立てるようになり、そして何とか歩けるようになり、退院できたのです。立つ、歩く、というだれでも簡単にしている日常の行為が、どんなに大事でありがたい能力であるのか、まさに痛感させられました。50代半ばまで毎朝もしくは夜、5、6キロのランニング、かなり重い角材の振り棒（4キロ）の片手素振り、8キロ長尺の回し振りなどの訓練を己に課していました。

東京、佐賀は毎月、年一でヨーロッパ、韓国で合気道や剣術のセミナーを開催、関節の痛みは時々激しく発症しましたが、ボルタレンやロキソニンを多用して、ごまかしてきました。数年前からまともな正座ができない程膝、足首の関節は傷んできていたのです。

鎮痛剤は借金しているようなものだから、と矢山先生に諭され、松田師には本来痛むべき時に痛んでないその痛みはどこに行ったのでしょうね？と皮肉交じりに聞かれました。

つまり今回の身動きできぬ激痛は借金を一気に取り立てられたようなものだったのでしょう。結局発病してもう二か月くらいまでは、まともに歩けず、今後元の自分にもどることができるのか甚だ心もとない限りでした。（現在は8割くらいは戻っています）

私は自分の考えにとらわれ、身体の声（痛み）を全く聞いていなかったのですね。身体はすなわち父母より受け、祖霊とつながる唯一絶対のものであるのですから、私の生き様の現われがこのありさまということで、取りも直さず霊的な存在へ素直な思いの真逆だったことに他なりません。さらに警鐘を鳴らす心の声にも耳を塞いでいた覚えもあります。

私の人生は執着と思い込みが根本にあるようです。合気道、刀によって少しずつ緩和されたと思いますが、根本はなかなか変わらない。未熟さに歯噛みする思いです。


剣をとるのであれば頭で考えるのみならず、もっと心眼を磨き身体の隅々まで気を流し、愛気を配って稽古をなすべきでした。自分にすらできていないのに、「合気とは愛」だの、あまつさえ「万有愛護」とは片腹痛いです。まして私の指導を受けてきた皆様には許しを請う、とまでは行かなくても、不明はお詫びしたいと思います。

しかしいまだ完全には癒えていないこの時ですけれど、この病気は自分にとって大変な幸運だったと思います。

私は、武道界ではよく見る、針小棒大の盛った話が大嫌いでした。刀に携わると本物しか見えてこない。真実を悟ることができる。そう信じようとしてきたけれど、その実自分の合気道への誠の心、真の目を曇らしているのは日本刀をよく知ると自負する私自身なことはわかっていたのです。

この病は誤魔化しようもない激痛をもってこれを私につきつけてきたと感じています。

私はこれだけの目に合わなければ気付けない大馬鹿者なのだと、自分の至らなさに心底残念に思っています。

何のための修業か。猛烈な痛みで全く動けず人の手を借りなければ排泄すらできない辛い日々の中、命とそれを宿す身体、心、そして思い通りにならない脳の存在をとことん感じました。心に湧き上がる感情はまた心を乱し、脳を時に暴走させることを知りました。

脳と心、身体と心、それらを結びそれぞれをコントロールする「気」の働き。

いずれも合気道、剣術で鍛え成長させることができるはずです。それこそが修業の目的です。

私は何十年も間違った考え、生活習慣で生きてきて、61歳でそのツケ（借金）を支払うことになりました。元通りになるかまだ分かりません。障害が残ってたとえ車椅子移動となっても、なお自分の成長を感じられる合気道を構築して行きたいと思います。

それから、松葉杖をついてやっと、まがりなりにも歩いていた時に、何度かサンダルに足を取られ激痛に転倒しました。看護師が飛んで来てくれましたが、受け身はうまいのでこんな状態でも大事には至りません。（一足早く要介護者となり、寝たきり、車椅子、松葉杖生活を余儀なくされたわけです。）

寝たきりになっても、車椅子移動の時でも、合気道の技の鍛錬は非常に役立ちました。気（呼吸力）の稽古に偏重しないで受け身、体捌きもバランスよく取り入れるべきですね。

私の稽古の大きな柱は、刀、杖（短杖）を使った一人稽古ですが、もう一つ、日常の動作を稽古にすることがあります。まっすぐに立つ、下丹田を骨盤に載せる意識で歩く、些細な日常動作にほんの少し劔心の意識を持つことです。これが自身の不調の時に非常に役立ちました。

日常にこの意識を持っていれば、一月一度の稽古でも、あるいは何年か道場稽古が出来なくても少なくとも技の現状維持はできる、と考えています。

この先、松葉杖でも、車椅子生活の中でも可能な、合気道稽古法も必ず作り上げたいと思っています。それは全く脱力した身体の状態を保ち、念力を使って陰陽の回転を生じさせ、小さな合気の技を練るようなものになるでしょう。脳内のイメージ力をフルに使ってゆくことでそれは可能になると思います。

人の手を借りなければ生きていけない存在になればこそ、もっと生きていたいと思いました。

これ以上ない無力な存在、生まれたての赤ん坊のようになり、助けてくれる人のありがたさ、その頼もしさに感謝しかありません。人間のつながりこそ人間の力、それを実感できた得難い体験でもあったのです。

本編に書いていることはしかし、間違いなくその時々の私の精一杯です。御覧の通り後悔や、反省を猛烈に感じるところも多々あります。それでも劔心合気道東京の会員の実姉、スポーツ写真家の麻生えりさんに散々ご苦労を掛けて撮っていただいた数多くの写真を無駄にはできません。そこには私の技はさておき、私が師事してきた達人の技の片鱗は間違いなく含まれているはずですから。

写真の投げ技の受けを取っていただいた安田光徳さん浦田政重さんのお二人は日本有数の若き達人でありながら、修羅心のかけらもなく撮影に付き合っていただきました。心根の立派なこと本当に有難く、頭が下がります。

刀鍛冶の内弟子森本、杉谷にも（合気道も指導しています）骨を折らせました。日向から組太刀形撮影のために上京してくれた会員の東久光さん、千葉の台風災害の、停電断水の最中に駆けつけて補足の投げ技の受けを取ってくれた小池康洋さん。ＢＡＢジャパンの原田さんには辛抱強く待っていただきました。

未熟すぎる私を支えてくれたあまりにも大勢の方々。有難くて有難くて、ただの感謝というよりも大それたことに巻き込んでしまって申し訳なく、恐れ多い気持ちの方が強いです。

この奇妙な合気道教本が皆様のお役に少しでも立てて、ご協力いただいた方々の真心が報われますことを切に切に祈っております。

こうしてみると、未熟、非才も実は幸運なことでもあって、だめな自分に向き合い育てることは人生の幸福の一つ、生きる醍醐味であるのかもしれません。

身も心も弱っちい私。そんな自分が嫌で、昔日の侍のような強さを得たいと武道家を志し、砂泊合気道に出会ってみじめな自分から脱皮できる道を見出したけれど、肉体も精神も道なお遠く、器の小さい私の葛藤はまだまだ、たぶん死ぬまで続くのでしょう。

私が感銘を受けた砂泊諴秀先生のお言葉のひとつに「あなた方それぞれの合気道を作りなさい」というものがあります。

もし今、師の前に立てたなら、「これが私の合気道です」と胸張って見せられるかと自問すると、まだまだ至りませんが、その道筋は見えたように思います、とは言えます。

この本に書いてきたのはその道筋です。これが後進の方々、特に体力や稽古する環境に恵まれていない人たちがそれぞれの合気道を作り上げる糧になれれば、と願っています。

自分自身を極める人生こそ、人として最も幸福な生き様だと信じてやみません。

松葉國正

2021年7月

松葉國正（まつば　くにまさ）

1959年生まれ。11歳から剣道を始め、以後、居合、空手道などを学ぶ。作刀を依頼した事がきっかけで、1983年、刀匠小林康宏師に入門。その後岡山の兄弟子であった安藤広清師の下で学び、1989年2月、刀匠資格取得。生まれ育った宮崎県日向市の自宅に鍛刀所を構える。

日本美術刀剣保存協会会長賞、薫山賞、寒山賞他、四年連続で特賞第一席獲得等、受賞多数。2014年無鑑査認定。一方で、万生館合気道の砂泊誠秀館長に師事し、20年以上にわたり学ぶ。

剣の術理を活かした武道家としても名高く、国内だけにとどまらず欧米を中心に、合気道や剣術の演武、講演、セミナーなどを精力的に行なっている。

著書：『日本刀が斬れる理由、美しい理由』（BABジャパン）

写真：麻生えり（p.11、14-17、22-31、37、47、57、86-146）
イラスト：鈴木ひょっとこ：（p.74-75、149、153、159）
装幀：銀月堂 福崎匠
本文デザイン：中島啓子

戦う刀匠
“刀”を究めればわかる“武”の練り方

2021年8月10日　初版第1刷発行

著　　者　松葉 國正
発 行 者　東口 敏郎
発 行 所　株式会社ＢＡＢジャパン
〒151-0073 東京都渋谷区笹塚1-30-11 4・5F
TEL　03-3469-0135　　FAX　03-3469-0162
URL　http://www.bab.co.jp/
E-mail　shop@bab.co.jp
郵便振替 00140-7-116767
印刷・製本　中央精版印刷株式会社

ISBN978-4-8142-0412-0　C2075

BOOK Collection

“合気投げ”全伝

相手の力を技にする！　筋力を超えた武術革命

掴んだ側が不利！　大東流がもたらした革命的技法の全貌 !!　武田惣角〜武田時宗伝　“合気投げ”とは何か？　掴んできた相手のその手、力を利用する。ゆえに…“無敵”。日本刀のように斬れる技！　奇跡の技法群“合気投げ”の本質を明らかにする！

●石橋義久 著　●A5判　●264頁　●定価1,760円（税込）

力を超えた！合気術を学ぶ

世界一わかりやすい武術の原理

日本武術の神技が誰でも使える！　ヨーロッパで磨かれた習得理論　スピードとパワーの次元を超越し、柔よく剛を制す合気術。合気系の奥義を、体系的に学べる。合気道、柔術系の技はもちろん、空手、拳法に使える打突技法も収録！

●倉部誠 著　●A5判　●172頁　●定価1,650円（税込）

日本になかった超上達システム 合気速習

筋力を超えた技ができる 5 つの原理

コレならできる！　欧州で磨いた最も効率的な習得カリキュラム!!　18 のレッスンで、無理なく合気のステップを上る！　ヨーロッパの地で、26 年の長きに亘る指導から確立した、理論と指導法。武術の深遠なる技を誰でも簡単に習得できる、画期的な“紙上講習”！

●倉部誠　著　●四六判　●224頁　●定価1,650円（税込）

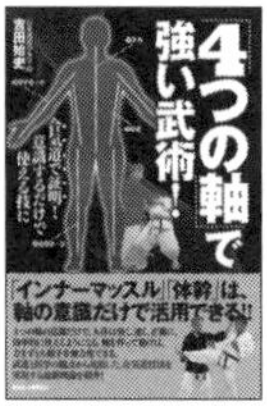

「4 つの軸」で強い武術！

合気道で証明！意識するだけで使える技に

「インナーマッスル」「体幹」は、軸の意識だけで活用できる!!　4 つの軸の意識だけで、人体は強く、速く、正確に、効率的に使えるようになる。軸を作って動けば、力まずとも相手を無力化できる。武道と医学の観点から見出した、合気技法を実現する理論を紹介！

●吉田始史 著　●四六判　●216頁　●定価1,540円（税込）

再創造する天性の「動き」！

感情＝身体エネルギーで、「思い通り」を超える能力が発現

最高のパフォーマンスを生む真の“気持ち良い動き”とは？　言葉を介さずに自己の内面を表現し他者と共有するマイムアーティストである著者が、アートマイムの探求から辿り着い た「感情=身体」のコントロールで、誰もが眠っていた運動センスを開花できる。エモーショナル・ボディワークを公開！

● JIDAI 著　●四六判　●248頁　●定価1,540円（税込）

BOOK Collection

「動き」の天才になる!

筋トレ・ストレッチ以前の運動センスを高める方法

無理な身体の使い方だと気づかずにトレーニングすれば、早く限界が訪れケガもしやすい。思考をガラリと変えれば、後天的に運動神経が良くなる! エネルギーラインが整った動きは、気持ち良い。語り得なかった“秘伝”をわかりやすく! スポーツ、ダンス、演技、武術…etc. あらゆる動作が向上!

●JIDAI 著 ●四六判 ●256頁 ●定価1,540円(税込)

筋力を超えた「張力」で動く!

動きの本質力向上メソッド

言葉を用いず自己の内面を身体で表現するマイムの追求から辿り着いた、動きの極意。それは、局所を収縮させず、身体の「すきま」を潰さない動きだった。スポーツ、武術、身体表現…、すべてに通じる「力まない動き」! 全身をつなげ、エネルギーを通す! あらゆる「動き」が質的転換される方法をわかりやすく紹介。

●JIDAI 著 ●四六判 ●208頁 ●定価1,540円(税込)

「動き」の新発見

脱力のプロが書いた! 世界一楽しくわかる極意書!

誰もがまだ、自分の身体を知らない。40歳になっても80歳になっても、新しい気づきがあります。人生100年が最高に面白くなる、ワクワク体験をし続けよう! すべての日常動作と人生の質もUPします。身体の可能性を引き出すヒントが満載の一冊です!

●広沢成山 著 ●四六判 ●208頁 ●定価1,760円(税込)

「肩の力」を抜く!

やわらの動き方 相手に作用する!反応されない!

簡単だけどムズかしい? 脱力できれば、フシギと強い! 筋肉に力を込めるより効率的で、涼しい顔のまま絶大な力を相手に作用できる方法があった! 柔術は、人との関わりのなかで最高にリラックスする方法。日常動作や生き方にも通じる方法をわかりやすく教える!

●広沢成山 著 ●四六判 ●220頁 ●定価1,650円(税込)

五感を活用 カラダは三倍動く!

眠っているところを“無意識的”に活用させる法

カラダを醒ませ! 人間の動きを決めるのは、ほとんどが無意識領域! あなたの身も心も錆びつかせてしまっているのはあまりにも“五感”を使わない生活。五感刺激でからだの眠っているシステムを作動! 本当の自分を取り戻す!!

●平直行 著 ●四六判 ●280頁 ●定価1,650円(税込)

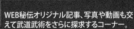

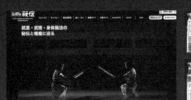

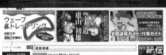

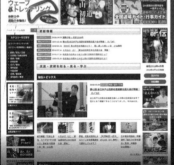